P. H. Onyx

Gott schmeißt nichts weg

Von Gott und dem Buch des Wissens

Mauer Verlag
Wilfried Kriese
72108 Rottenburg a/N
Buchgestaltung: Wilfried Kriese
Titelbild: Privat
2009
ISBN 978-3-86812-170-4

www.mauerverlag.de

Inhalt

I Anfang

Vorwort

Naturwissenschaften und der Glaube an Gott werden meist nicht in einen Zusammenhang gebracht. Das ist ein grundsätzlicher Fehler.

Dies ist ein spirituelles Buch auf wissenschaftlicher Grundlage.

Zuerst wird gezeigt, warum es sehr unwahrscheinlich ist, dass Gott nicht existiert.

Dann wird erläutert, was die Natur Gottes ist, wie er beschaffen ist, was seine Interessen sind.
Das klingt anmaßend, schließlich sollen wir uns kein Bild von Gott machen. Dies passiert auch nicht, aber ein bisschen kann man schon erkennen.
Zum Beispiel schreibt das Christentum Gott die Eigenschaften Liebe und Gnade zu.

Dann werden Auswirkungen und Schlussfolgerungen für uns Menschen behandelt.

Eine dieser Auswirkungen war bisher unbekannt, ist aber sehr wichtig: das „Buch des Wissens". Es ist kein Buch im wörtlichen Sinne, sondern etwas Nicht-Materielles, das immer mit uns in Verbindung steht.
Unter Esoterikern ist die „Akasha-Chronik" bekannt. So wird das „Weltgedächtnis" bezeichnet, das nur Eingeweihten zugänglich sein soll.
Das Buch des Wissens, von dem ich rede, ist das Gedächtnis der Welt. Aber es ist mit uns und allem Existierenden immer in Kontakt, egal ob wir in irgendetwas eingeweiht sind oder nicht.

Grundlegende Fragen werden betrachtet.
Zum Beispiel: „Warum sind wir da? Was ist der Sinn des Lebens?"
Man hat vielleicht manchmal den Eindruck, von einer neuen Religion zu lesen. Aber es ist keine Religion. Gottes Geist ist offen, unbeschränkt, nicht in Systeme zu zwängen.

Die wissenschaftlichen Grundlagen dieses Buches sind vorwiegend Astro- und Quantenphysik. Keine Sorge, Sie müssen keine Formeln lesen. Alles wird verständlich dargelegt.

- Die hohe Wahrscheinlichkeit, dass das Universum durch die Explosion eines Punktes, den „Urknall" entstanden ist, führt zu der Überlegung, dass Gott, wenn es ihn gibt, eng mit diesem ursprünglichen Punkt und der daraus entstandenen Welt verbunden sein muss. Es stellt sich die Frage, warum der Punkt explodierte. Hier finden Sie eine einleuchtende Antwort.

- Es gibt kein Nichts im Universum. Die materielosen Gebiete, das Vakuum, haben eine Energie, die verhindert, dass Galaxien auseinander fallen. Dass es kein Nichts gibt, weist auf Gott hin.

- Im Bereich des Kleinsten, der Elementarteilchen, gibt es keine fließenden Übergänge. Alles ist unterteilt wie Pixel auf einem Bildschirm. Dazu treten hier Unschärfen auf. Dies legt nahe, dass unsere Welt ein ablaufendes Programm ist, dessen Entwicklung aber (Gott sei Dank) nicht feststeht.

- Die Idee, dass es im geistigen Bereich ein „Buch des Wissens" gibt, das mit uns allen immer in Kontakt ist, weist auf einen Gott hin, der eng mit seiner Schöpfung in Verbindung ist und ihre Weiterentwicklung will.

Bemerkenswert sind die Folgerungen für Spiritualität und das tägliche Leben.

Das „Buch des Wissens" ist eine Brücke zwischen Gott und uns. Die wesentlichste Brücke, die unserem Verstand zugänglich ist. Allerdings hat der Verstand keine Kontrolle darüber.

Abschnitt III (Materie) kann sogar bei notorischen Materialisten Aha-Erlebnisse auslösen, die weiter führen.

Atheisten belächeln oft Menschen, die an Gott glauben. Sie verweisen gerne auf die Naturwissenschaften und ihre Ergebnisse, die Gott angeblich nicht brauchen.
Aber wie ist unser Universum entstanden?
Wissenschaftler nehmen an, dass das Universum durch die Explosion eines Punktes, den „Urknall" hervorgebracht wurde, können es aber nicht beweisen.
Auch Gottes Existenz ist nicht beweisbar, aber es gibt starke Hinweise, zu denen die Urknalltheorie beiträgt.

Über Gott lesen Sie gleich mehr. Jetzt möchte ich Ihnen schon einen kleinen Vorgeschmack auf das Buch des Wissens geben.

Das Buch des Wissens ist kein Roman. Es ist das Gedächtnis des Universums.
Man kann ihm keine logische Abfolge aufprägen.
Es ist total, sogar in seinen Einzelheiten.
Es gibt keine Einzelheit ohne das Ganze.

Wie die Nervenzellen in unserem Gehirn über Billionen von Schaltungen auf verschiedenste Art miteinander verknüpft sind, sind es auch die Bestandteile des Buches des Wissens.

Über das Buch des Wissens zu schreiben, ist auch mit dieser Schwierigkeit behaftet.
Ich muss manchmal etwas sagen, das schon auf spätere Aussagen Bezug nimmt.
Auch in diesem Buch kann es keine einfache logische Abfolge geben.

Dennoch habe ich mich bemüht, eine Systematik hinein zu bringen, damit der Leser nicht ständig umdenken muss. Da dem Buch des Wissens jedoch Systeme fremd sind, konnte mir dies nur unvollkommen gelingen.

Schon jetzt aber sei gesagt, dass wirkliches Lernen nur möglich ist, wenn wir die Teile, die wir sehen, nicht versuchen, in eine Reihenfolge zu setzen, sondern in ihrer Gesamtheit in uns aufnehmen und erst dann die

Beziehungen, die zwischen den Teilen bestehen, sich in uns langsam von selbst erklären lassen.

Meine ersten Lebensjahre verbrachte ich in einem abgelegenen Dorf. Vielleicht wollte die dortige Schule dies durch besondere Fortschrittlichkeit kompensieren. Als ich Lesen lernen sollte, schrieb der Lehrer Wörter in lateinischer Schrift an die Tafel. Ein Wort bestand also von Anfang bis Ende aus einer einzigen Linie mit vielen Kurven und Schleifen. Für mich war so nicht zu erkennen, wo ein Buchstabe anfing und aufhörte und der nächste Buchstabe anfing. Man nannte das „Ganzwortmethode", damals der neueste Schrei unter Pädagogen. Ich konnte die Bedeutung der Wörter nicht erfassen.
Glücklicherweise zogen wir um in eine Stadt, wo man die Druckbuchstaben lehrte. Ich musste ins Krankenhaus und bekam ein Buch in die Hand, das (natürlich) in Druckbuchstaben geschrieben war. Es handelte von zwei Gänsen, „Wulli und Walli" glaube ich, eine Geschichte, die mich tief berührte. Tatsächlich: Im Krankenhaus lernte ich nun Lesen, ohne Lehrer, innerhalb von zwei Wochen.

Dies ist ein kompaktes, dichtes Buch. Es gibt kein Drumherumgerede, keine Weitschweifigkeiten. Es vermittelt viele Aussagen auf engem Raum. Einiges wird nicht gesagt, weil man es zwischen den Zeilen lesen kann und soll.
Dennoch enthalten manche Kapitel mehr, als die Überschrift erwarten lässt.

Warum schreibe ich ein relativ langes Vorwort, und die folgenden Kapitel sind oft kurz?
Das lange Vorwort soll die nötige Einstimmung und Vorbereitung liefern.
Alle folgenden Kapitel stehen nicht einzeln für sich, sondern hängen zusammen.
Eventuell mag in dem einen Kapitel sogar eine Frage aus einem anderen Kapitel beantwortet werden.
Alle Kapitel sind miteinander verbunden, so wie es im Buch des Wissens ist.
Lesen Sie einfach weiter, ohne Scheu, ohne Vorurteile.

Über uns

Diese Verbindung zweier Wörter hat zwei Bedeutungen.

Erstens: Reden wir einmal über uns, uns Menschen, uns Geschöpfe, uns was auch immer.

Zweitens: Ist da etwas, das über uns ist? Über uns ist die Luft. Die Luft ist aber auch neben und in uns. Über uns ist auch das Weltall. Eigentlich ist es nicht über, sondern um uns. Und in uns, weil wir Teil davon sind.

Um diese beiden Themen geht es.
In Wirklichkeit ist es nur ein Thema.
Über und unter uns, neben uns, auch in uns, was da ist, das schauen wir uns jetzt an.

II Der Ursprung des Seins

Evolution oder Intelligent Design?

Unter Evolution versteht man die Entwicklung des Lebens durch natürliche Gesetzmäßigkeiten ohne Einfluss von außerhalb.
Intelligent Design bedeutet, dass die Entwicklung des Lebens durch eine übergeordnete Intelligenz (Gott) beeinflusst wird oder wurde.
Es gibt heute einen Streit zwischen diesen beiden Auffassungen.

Meine Meinung ist, dass bereits die oben genannten „natürlichen Gesetzmäßigkeiten“ so wunderbar sind, dass man sie Gott zuschreiben muss. Niemand kann erklären, warum die Naturkonstanten gerade so sind, dass sie unser Leben ermöglichen. Physikalisch wären unendlich viele andere Kombinationen von Naturkonstanten genauso möglich, die allesamt kein Leben zulassen würden.
Abgesehen davon: Warum gibt es verschiedene Arten von Materie? Warum gibt es überhaupt Materie?

Aber da wendet man einen Trick an: Man sagt, alle überhaupt nur möglichen Welten existieren als „Paralleluniversen“ nebeneinander. Was für ein Aufwand! Myriaden von toten Universen neben einem einzigen oder ganz wenigen mit Leben erfüllten Universen.
Und dieser Riesenaufwand ganz ohne Gott. Na ja, widerlegen kann ich die Idee nicht, aber sie kommt mir albern vor.

Sinn oder Zufall?

Die Wahrscheinlichkeit, dass unser Universum zufällig entstanden ist, ist extrem gering.
Unser Universum wäre ohne Gott nur zu erklären als Bestandteil eines Multiversums, in dem Myriaden sinnloser Universen neben ganz wenigen, die Leben zulassen, existieren.

Nehmen wir einmal an, wir leben tatsächlich in diesem Spezialfall von fast unendlich vielen Universen.
Wir wären wie die Nadel im Heuhaufen, etwas ganz Einzigartiges.
Genau dieser Gedanke stört mich.
Die Idee, dass wir etwas ganz Besonderes wären. Die Zufallsvoraussetzung impliziert dies.
Merkwürdigerweise setzt uns die Zufallsvoraussetzung in den Mittelpunkt der Welt.
Darüber sollten wir doch hinaus sein.

Ich bin jetzt rein hypothetisch davon ausgegangen, dass Gott nicht existiert, was ich ja eigentlich für abwegig halte.
Dennoch hat diese Idee dazu geführt, dass wir in einem Ausnahmeuniversum leben.
Ist das nicht merkwürdig?

Und ist der Gedanke, dass all das ohne Gott existieren soll, nicht noch merkwürdiger?

Was war zuerst da?

Evolution und Intelligent Design schließen sich nicht gegenseitig aus. Die Frage lässt sich präziser stellen:
Was war zuerst da, die Materie oder der Geist?
Wenn man die Antwort nicht weiß, sollte man Wahrscheinlichkeitsüberlegungen anstellen (oder die Frage einfach ad acta legen).

Annahme 1: Gott existiert (oder existierte früher und jetzt nicht mehr – halte ich für seltsam, aber nun gut, oder Gott hat sich von uns abgewandt und interessiert sich nicht mehr für uns).
Daraus folgt automatisch, dass der Geist, nämlich Gott zuerst da war.

Annahme 2: Gott existiert nicht, hat auch nicht existiert.
Dann folgt daraus aber noch nicht, dass die Materie zuerst da war. Denkbar wäre beispielsweise auch ein Programmierer, und unsere Welt ist das Programm, das abläuft.

Annahme 3: Die Materie hat sich so organisiert, dass Geist entwickelt wurde.
Wie kam sie dazu, so etwas zu tun?
Ich glaube nicht, dass eine Müllhalde Geist entwickeln kann.
Na gut, von einer Müllhalde wird das auch niemand erwarten. Eher schon von einer „Ursuppe", in der sich organische Moleküle tummeln und in die öfter Blitze einschlagen, um elektrochemische Prozesse anzuregen. Man hat dies im Labor simuliert. Höher entwickelte chemische Verbindungen konnten aber nicht erzeugt werden.

Wenn wir diese drei Annahmen zugrunde legen, ergibt sich ein deutliches Übergewicht für die Hypothese, dass zuerst der Geist da war, weil dazu einfach mehr der vorstellbaren Szenarien passen.
Das ist natürlich noch kein Beweis.

Bei dieser Frage fällt mir die andere uralte Frage ein:
Was war zuerst da, die Henne oder das Ei?

Natürlich beide, und der Hahn gehört auch noch dazu, aber sie alle können nicht plötzlich gleichzeitig entstanden sein.
Nein, alle sind Folge der Evolution. Schon die Dinosaurier, aus denen die Vögel sich entwickelt haben, legten Eier, die aber natürlich anders waren als Hühnereier.
Da fragen wir weiter: Was war zuerst da, der Dinosaurier oder das Dinosaurierei?
Das führt uns aber nur zu immer ursprünglicheren Formen, die schließlich keine Dinosaurier und auch keine Eier mehr sind.

Klar ist: Das Gebärende ist vor dem Geborenen da. Doch wie ist dann das Gebärende entstanden?
Entscheidend ist der Ursprung: Die Singularität, die vor dem Urknall existierte, hat das Universum geboren.
Das sagen die Wissenschaftler. Man kann es nicht beweisen, aber sehr viel spricht dafür.

So lächerlich der Vergleich Huhn und Ei mit Geist und Materie erscheinen mag:
Die Natur liefert uns immer Hinweise auf tiefer liegende Wahrheiten.

Vielleicht haben Geist und Materie eine Evolution durchgemacht.
Von der Materie wissen wir es: von einem einheitlichen Punkt, der Singularität vor dem Urknall (na ja, so sicher wissen wir das nicht) über ein dichtes Quantengemisch über Elementarteilchen bis zur uns gewohnten Materie und darüber hinaus: Galaxien, Galaxienhaufen und die Gebiete dazwischen.
Ich vermute, dass immer gleichzeitig Geist da war und ist: erst der einheitliche ungeteilte Geist, der sich aufteilte und differenziert entwickelte, ganz ähnlich wie die Materie.

Es gibt auch keine klare Trennung von Geist und Materie, die Schnittstelle ist Energie.

Materie lässt sich in Energie umwandeln und umgekehrt.

Geist ist mindestens eine Form von Energie, wobei die Betonungen sowohl auf „eine“ als auch auf „mindestens“ liegen. Geist ist viel mehr als Energie.

Man kann Materie als „geronnene“ (fest gewordene) Energie betrachten.

Ich vermute ganz stark, so wie es bei den Elementarteilchen die Dualität von Teilchen und Welle gibt, gibt es im größeren, uns gewohnten Maßstab eine Dualität von Materie und Geist.
Beide gehören verschiedenen Betrachtungssystemen an, sind aber gleichzeitig da und bedingen einander in unserer Daseinsebene.

Kein Beweis, aber Hinweise

Die Wissenschaftler können nicht beweisen, dass ein Urknall, die Explosion eines Punktes, unser Universum in Gang setzte.
Die meisten Astrophysiker gehen aber davon aus, dass es so war, weil ihre Messungen Rückschlüsse bis in die ferne Vergangenheit zulassen, als das Universum extrem klein, dicht und heiß war.

Genauso wenig wie der Urknall lässt sich Gottes Existenz beweisen, aber vieles deutet darauf hin.

Wissenschaftler sagen meistens nichts dazu, weil Gott nicht untersucht werden kann und damit auch nicht die Frage seiner Existenz.
Verständlicherweise klammern sie die Frage daher aus.
Aber wenn Sie welche fragen: Nur wenige sind davon überzeugt, dass Gott nicht existiert. Es ist nicht ihr Fachgebiet.

Ich glaube nicht an Gott, sondern ich spüre Gott. Glauben bedeutet, es könnte anders sein. Spüren bedeutet, da ist etwas. Was man spürt, kann man aber falsch interpretieren. Dennoch weist alles auf einen gestaltenden Gott hin. Sehen wir weiter.

III Materie

Kann aus Nichts Etwas entstehen?

Die Physik sagt ja:
In der riesigen Leere des Weltraums entstünden ständig winzige Materieeinheiten, Teilchen und ihre Anti-Teilchen, die zusammenstoßen und wieder vergehen.

Voraussetzung dafür ist aber, dass Energie vorhanden ist.
Wenn keine Energie da wäre, könnten Teilchen und Anti-Teilchen nicht einmal für einen kurzen Moment lang entstehen.

Diese Energie muss vom Vakuum geliefert werden. Eine andere mögliche Quelle ist nicht vorhanden.

Also muss das Vakuum, das so genannte „Nichts“, Energie haben. Wenn es Energie hat, ist es aber kein „Nichts“!

Man braucht Energie, um Materie zu erzeugen. Wenn Materie vernichtet wird, verwandelt sie sich wieder in Energie zurück.

Maßstäbe

Da sich das Universum in der ersten Sekunde seiner Existenz gewaltig veränderte und dann weitere Veränderungen immer langsamer vonstatten gingen, wäre es sinnvoll, hier die Zeit nicht wie gewohnt linear zu messen, sondern einen logarithmischen Maßstab anzulegen, so dass die ersten Millisekunden direkt nach dem Urknall Jahrtausenden oder viel mehr in unserer Gegenwart entsprechen. Im Laufe der Zeit gleicht sich dann der logarithmische dem linearen Maßstab allmählich an.

Jedoch haben wir inzwischen eine entgegengesetzte Entwicklung. Das Universum dehnt sich immer schneller aus, so dass nun ein exponentieller Maßstab sinnvoll erscheint, weil er der Beschleunigung Rechnung trägt.

Dieses Verhalten des Universums zeigt eine gewisse Symmetrie.

Warum gibt es Zeit?

Weil wir in einer Welt leben, die aus Materie besteht.
Materie ist träge. Aber sie bewegt sich, verändert langsam ihren Ort oder ihren Zustand, und diese Veränderung bedeutet Ablauf von Zeit.
Gäbe es keine Zeit, wäre Veränderung nicht zu bemerken.

Wenn wir kleinere Bestandteile der Materie angucken, dann entwickelt sich alles schon schneller. Die Elektronen wuseln so schnell und unvorhersehbar um die Atomkerne herum, dass wir ihren genauen Ort zu einem bestimmten Zeitpunkt nicht feststellen können. Aber die Bewegung und damit Zeit ist noch da.
Das gilt auch für Photonen, die winzig kleinen Teilchen, aus denen das Licht zusammen gesetzt ist. Am schnellsten bewegen sie sich in Vakuum, also wenn keine andere Materie im Weg ist. Da beträgt ihre Geschwindigkeit dreihunderttausend Kilometer pro Sekunde. Das gilt als die Grenzgeschwindigkeit. Man sagt, dass nichts, auch keine Information (die ja nicht aus Materie bestehen muss) schneller als mit einer Geschwindigkeit von dreihunderttausend Kilometer pro Sekunde von einem Ort zu einem anderen Ort gelangen könne.

Tatsächlich ist niemals untersucht worden, ob es eine Grenzgeschwindigkeit für Informationen oder sonst etwas, das nicht aus Materie besteht, gibt. Man hat das einfach behauptet, weil man sich nicht vorstellen konnte, dass etwas existiert, das außerhalb der Regeln der Welt der Materie steht.
Man konnte sich die schnellstmögliche Übertragung von Informationen nur über elektromagnetische Wellen vorstellen, und die bewegen sich halt mit Lichtgeschwindigkeit.

Wenn wir einmal über die materielle Welt, zu der auch die elektromagnetischen Wellen gehören, hinweg sehen, in der wir aber existieren, müssen wir unsere Vorstellung bemühen.
Unsere Vorstellung, unsere Gedanken, Intuition sind zwar nicht abtrennbar von der materiellen Welt, weil sie in ihr erzeugt werden, aber sie vermitteln uns Möglichkeiten, die darüber hinaus gehen:

Wenn Geist existiert, Seele, Gott, ist keine Trägheit wie in der Materie mehr da.
Alles ist unmittelbar möglich.
Zeit wird nicht mehr gebraucht.
Daher gibt es auch keine Zeit mehr.

Eine Nebenbetrachtung:
Es gibt doch auch in unserer materiebehafteten Welt riesige leere Räume ohne Materie, die Vakuen, die zwischen den Planeten und Sonnensystemen, aber noch mehr zwischen Galaxien und besonders zwischen Galaxienhaufen existieren.
Dann gibt es in diesen Vakuen keine Zeit!
Müssten dann nicht interstellare Reisen von Galaxis zu Galaxis möglich sein?
Ein Problem ist, dass das Vakuum durch den Reisenden und sein Raumschiff kontaminiert („verseucht") wird. Da der Reisende und sein Raumschiff aus Materie bestehen, ist das Vakuum in seiner unmittelbaren Umgebung nicht mehr da. Tatsächlich gibt es kaum ein hundertprozentiges Vakuum, weil auch da ständig winzigste Teilchen (Neutrinos) hindurch schwirren. Licht und andere Teilchen kommen auch durch. Es ist wie auf einem Bahnhof.

„Dunkle Materie“ und „Dunkle Energie“

Jede Masse hat die Eigentümlichkeit, dass sie andere Massen anzieht. Man nennt diese Anziehungskraft Gravitation. Da unsere Sonne viel mehr Masse hat als die sie umgebenden Planeten, behält sie diese durch ihre Gravitationskraft im Griff, so dass sie nicht entfliehen können. So bilden die Sonne und diese Planeten unser Sonnensystem.
Galaxien sind Zusammenballungen von einzelnen Sternen und Sonnensystemen, die durch die Gravitation der in ihnen enthaltenen Massen zusammen bleiben.
Sonnen drehen sich um sich selbst, Planeten rotieren um sich selbst und um ihre Sonne, Sonnensysteme rotieren innerhalb der Galaxien, und auch die Galaxien rotieren um sich selbst.

Das bewirkt Fliehkräfte an den Rändern der Galaxien, die eigentlich dazu führen müssten, dass einzelne Planeten, sogar Sonnensysteme sich von den Galaxien lösen, zumal das umgebende Vakuum nach unseren Erfahrungen auf der Erde bestrebt ist, Materie in sich hinein zu ziehen. Das passiert aber nicht.

Die Wissenschaftler zerbrachen sich die Köpfe und fanden schließlich eine „Lösung“.
Damit eine Galaxie zusammenbleibt, müsse ihre gesamte Masse in Wirklichkeit viel größer sein als die Masse der in ihr versammelten sichtbaren Materie. Die zusätzliche Masse müsse von einer Art Materie geliefert werden, die wir nicht sehen und nicht messen können, weil sie gegenüber elektromagnetischen Wechselwirkungen unempfindlich ist, die aber auch über Gravitation verfügt.

Man nennt diese unsichtbare Materie „Dunkle Materie“, eine passende Bezeichnung, weil ihre Beschaffenheit völlig im Dunkeln liegt.

Doch ist die Erklärung fragwürdig, denn durch die Gravitation müsste die „Dunkle Materie“, genauso wie die sichtbare Materie es tut, sich stärker im Zentrum der Galaxien zusammen klumpen und zu den Rändern hin ausdünnen, so dass sie ein Ausfransen der Ränder wohl kaum verhindern könnte.

Man sucht seit Jahren fieberhaft nach ihr und hat noch kein Fitzelchen davon gefunden.

Peinlich. Aber nicht genug damit.
Kurz nachdem man die Idee der „Dunklen Materie" entwickelt hatte, stellte man fest, dass unser Universum sich viel schneller ausdehnt als es nach der Theorie darf, ja dass es sich sogar beschleunigt ausdehnt.
Was tun? Da man keine Erklärung hatte, erfand man die „Dunkle Energie", eine mysteriöse Energie, die dem materielosen Raum, dem Vakuum innewohnt und bewirkt, dass es sich schneller ausdehnt.

Ich glaube, mit der Dunklen Energie hat man recht. Man muss den Gedanken aber weiterdenken, wozu die Wissenschaft sich bisher noch nicht traut:
Es gibt eine dem Vakuum innewohnende Energie, die umso größer ist, je größer das Vakuum ist. Diese Energie bewirkt, dass das Vakuum sich ausdehnt. Wenn das Vakuum größer wird, nimmt seine Energie zu und es dehnt sich noch weiter aus, dadurch nimmt seine Energie noch mehr zu und so weiter. Es scheint wie ein Perpetuum mobile zu sein, das es eigentlich nicht geben darf.

Im Physikunterricht wird der Energieerhaltungssatz gelehrt.
Er besagt, dass sich die Gesamtenergie eines Systems nicht verändern kann.
Dies gilt aber nur für geschlossene Systeme, die an sich unnatürlich sind.
In der Natur wirkt alles mit allem zusammen.
Wenn ich mit der Vakuumenergie recht habe, ist entweder der Energieerhaltungssatz falsch oder das Weltall ist kein geschlossenes System, was bedeuten würde, dass etwas außerhalb des Universums existiert, das ihm Energie zuführt. Das vermuten auch einige Physiker, schließen Gott aber nicht in ihre Überlegungen ein.
Stattdessen vermuten manche, dass unserem Universum von anderen Universen Energie zugeführt wird.

Aber für die Existenz anderer Universen gibt es nicht den geringsten Anhaltspunkt, geschweige denn einen Beweis, nur Gedankenspiele.
Warum sollten andere Universen Energie an uns abführen, während unser Universum nur Energie aufnimmt?
Sind wir ein Baby-Universum, das von erwachsenen Mutter-Universen aufgepäppelt wird? Wie albern soll dieses Gedankenspiel noch werden?
Da ist Gott doch viel wahrscheinlicher. Gott gibt unserem Universum ständig Energie.

Andere meinen, dass die Vakuumenergie noch extrem viel größer sein müsste als sie ist, und schließen daraus, dass andere Universen Energie von uns abziehen.
Hier herrscht noch viel Verwirrung.

Nach den Erfahrungen, die wir auf der Erde mit Vakuum gemacht haben, das wir ja künstlich erzeugen können, ist das Vakuum bestrebt, sich selbst aufzulösen, indem es Materie in sich hineinzieht.
Das ist aber bei den riesigen Vakuumgebieten im Weltraum offensichtlich nicht der Fall.
Die Energie des Vakuums bewirkt dort, dass die Materie nicht hineingezogen, sondern im Gegenteil abgestoßen wird!
Bei den winzig kleinen Vakuumgebieten, die wir auf der Erde erzeugen können, ist die Vakuumenergie bedeutungslos. Aber ab einer bestimmten Größe des Vakuums gewinnt die Materie abstoßende Wirkung der Vakuumenergie die Oberhand.

Das erklärt auch, warum die Galaxien keine Materie an das Vakuum verlieren. Eine „Dunkle Materie“ wird dazu gar nicht gebraucht!
Indizien, die eine „Dunkle Materie“ als möglich erscheinen lassen, sind anders auch zu erklären.

Manche glauben, dass die Energie des Vakuums irgendwann unsere Galaxie zerreißen wird. Sie berücksichtigen nicht, dass die Vakuumenergie in materiegefüllten Gebieten wie Sonnensystemen, aber auch Galaxien niedriger ist als außerhalb. Das Gegenteil ist richtig:

Die Energie der „Leere“ um unsere Milchstraße herum verhindert, dass die Milchstraße auseinander fällt.
Materie und Vakuum wirken wunderbar zusammen, um unser materielles Universum zu bilden.

Bemerkenswert ist auch, dass sich die abstoßende Kraft des Vakuums auf große Massen stärker auswirkt als auf kleine Massen.
Sterne und Planeten müssen draußen bleiben, während die winzigsten Teilchen, nämlich Neutrinos und Photonen (Licht) anstandslos durchgelassen werden.

Jede Art von Materie kann in das Vakuum eindringen, wenn sie aus einer Galaxie herausgeschleudert wird. Aber Materie, die sich am Rande einer Galaxie mit dieser Galaxie in dieselbe Richtung bewegt, wird nicht in das Vakuum hineingezogen.

Die Kraft des Vakuums ist ein Gegenteil zur Kraft der Materie.
Materie, die naturgemäß Masse besitzt, zieht andere Masse an, je größer diese ist, desto stärker.
Das Vakuum, wenn es hinreichend groß ist, stößt Materie ab, je größer deren Masse ist, desto stärker.

Wie ist das zu erklären? Eine der bedeutendsten Entdeckungen der letzten Jahre ist die so genannte „Supersymmetrie“. Vereinfacht gesagt bedeutet sie, dass es zu etwas Existierendem auch einen gegensätzlichen Partner gibt, der die umgekehrten Eigenschaften hat.
Bisher hat man das nur für Elementarteilchen festgestellt.
Vielleicht kann man es auf den Bereich des ganz Großen übertragen. Dann sind Materie und Vakuum supersymmetrische Partner.

Warum stürzt der Mond nicht auf die Erde?

Der Mond wendet der Erde immer dieselbe Seite zu.
Meteoriten, die auf der Rückseite des Mondes einschlagen, müssten den Mond auf die Erde zu bewegen.
Meteoriten, die aus der Richtung kommen, wo die Erde ist, müssten sich auf den Mond schwächer auswirken, weil die Erde eine stärkere Gravitationskraft auf sie ausübt und sie dadurch ablenkt.
Also müsste der Mond der Erde immer näher kommen, gäbe es nicht die helfende Kraft des Vakuums, die uns den Mond vom Leibe hält.

Übrigens spielt es schon eine Rolle, dass der Mond uns immer dieselbe Seite zuwendet. Würde er schnell um seine Achse rotieren, kämen Meteoriteneinschläge in einem flacheren Winkel zustande und würden sich schwächer auswirken.

Es gibt kein Nichts im Universum

Die Leere, das Vakuum, ist kein Nichts, denn sie hat Energie. Diese Energie wirkt sich ganz entscheidend auf die Struktur des Universums, ja auch unseres Sonnensystems aus.

Die Kepler'schen Gesetze beschreiben sehr genau die Bewegungen der Planeten um die Sonne.
Warum kommen diese Gesetze ohne das Vakuum aus?
Die Kepler'schen Gesetze erklären nichts. Sie beschreiben, wie es ist. Sie sagen nichts darüber aus, warum es ist wie es ist.

Diese Harmonie der Bewegungen der Himmelskörper ist ohne ein äußerst harmonisches Zusammenwirken mit der Leere dazwischen nicht möglich.
Es lebe die Materie, die unser Leben begründet! Es lebe aber genauso das Vakuum um uns herum, ohne das wir nicht existieren könnten!

Das gilt auch im Kleinsten: Wie könnte ein Atom existieren, wenn es um den Atomkern herum nicht Raum geben würde, in dem die Elektronen schwirren können?
Nur dadurch können Zusammenschlüsse von Atomen, also Moleküle entstehen, denn sie werden von den Elektronen hergestellt. Elektronen verbinden Atom mit Atom. Leben hätte sich ohne Moleküle nie entwickeln können.

Die Gesetze im Mikrokosmos sind andere als im Makrokosmos, aber das Prinzip ist dasselbe.
Es ist dieses Prinzip, was unser Universum ausmacht. Das Prinzip ist:

Etwas existiert. Etwas ganz Anderes, das scheinbar das Gegenteil ist, existiert auch. Und statt sich zu bekämpfen, wirken beide zusammen. Und bewirken etwas Großes. Hurra!

Materiekräfte und Vakuumkräfte ergänzen sich perfekt. Materie und Vakuum sind zueinander gehörende Partner, das eine ist nicht möglich ohne das andere.

Quantenphysik

Quantenphysik beschäftigt sich mit den Bewegungen im Bereich der Atome und noch kleinerer Teilchen.
Hier spielt die Gravitation überhaupt keine Rolle.
Neue Kräfte tauchen auf, die „starke Kraft", die die Atomkerne zusammen hält, und die „schwache Kraft", die radioaktiven Zerfall von Atomkernen bewirkt.
Neue Gesetze gelten. Ein Elementarteilchen ist mal ein Teilchen, mal Welle, je nach dem, was man zu messen versucht.

Jedes Teilchen, das sich bewegt, hat Energie. Man kann um Teilchen herum Barrieren errichten, die zu überwinden ihre Energie nicht ausreichen sollte. Trotzdem gelangen ein paar Teilchen auf die andere Seite der Barriere.

Wenn wir ein Teilchen auf eine Kante stellen, kann es auf die eine oder andere Seite hinunter fallen. Denken wir. Die Quantenphysik sagt, es fällt auf beide Seiten hinunter.

Das ist für uns völlig unbegreiflich. Es ist, als gäbe es im Kleinsten ein ganz anderes Universum, das den Gesetzen des uns bekannten Universums Hohn spricht.

Der berühmte Physiker Heisenberg hat festgestellt, dass es unmöglich ist, gleichzeitig den Ort und den Impuls eines Teilchens zu messen. Das ist nicht eine Frage der Messinstrumente, sondern es ist prinzipiell unmöglich. Man nennt dieses Gesetz die Heisenberg'sche Unschärferelation.

Dieses Wort, Unschärfe, hat offenbar im Bereich der Quantenphysik eine ganz entscheidende Bedeutung.
Es gibt keine Eindeutigkeit mehr, sondern Unschärfe.
Wenn wir schielen, einen unscharfen Blick haben, können Teilchen, die sich innerhalb einer Barriere befinden, auch außerhalb gesehen werden.
Ein Teilchen kann, wenn wir schielen, verschwommen als Welle wahrgenommen werden.

Im Bereich der Quantenphysik ist das genaue Hinsehen offenbar der falsche Ausgangspunkt. Hier kann man die Wahrheit nur erkennen, wenn man schielt, die Unschärfe akzeptiert.

Vielleicht ist dies ein Hinweis, dass unser Universum ein gewaltiges Computerprogramm ist, das abläuft. Kein Programm kann alles bis ins Kleinste festlegen. Hier müssen im Bereich des Kleinsten Unschärfen auftreten.

Bei Computern wissen wir, dass die Bilder auf dem Bildschirm aus Pixeln bestehen, winzigen Punkten, die nicht geteilt werden können.
Unsere Welt besteht aus Quanten, die auch nicht teilbar sind.

Also kein Gott, sondern ein Programmierer der außen steht?
Auch der Ursprung des Universums, die Explosion eines Punktes, einer Singularität, erscheint künstlich, wie programmiert.

Gott ist ein Programmierer in gewissem Sinn, denn er hat ja die Entwicklung des Universums geplant und gestaltet. Dass er selbst im Programm enthalten ist, unterscheidet ihn von anderen Programmierern. Und dass sein Programm gigantisch ist.

Verschränkung

Je kleiner ein Teilchen ist, desto weniger Parameter braucht man, um es vollständig zu beschreiben.
Das behauptet die Theorie, erscheint auch logisch.

Wenn man nun zwei verschiedene Teilchen derselben Sorte so behandelt, dass sie exakt gleiche physikalische Eigenschaften haben, sie dann in verschiedene Richtungen losschickt, und wenn die Umwelt keine Einflüsse ausübt, behalten diese beiden Teilchen ihre Eigenschaften, die absolut gleich sind. Man nennt dies „Verschränkung".
Das wurde schon experimentell gemacht, es ist aber sehr schwierig, Umwelteinflüsse zu eliminieren.
Wenn man dann auf eines der beiden absolut gleichen Teilchen einen physikalischen Einfluss ausübt, der eine Eigenschaft dieses Teilchens verändert, dann verändert auch sein Partnerteilchen diese Eigenschaft genauso und überraschenderweise absolut gleichzeitig.

Normalerweise (nach der Relativitätstheorie von Albert Einstein) kann Information nur mit Lichtgeschwindigkeit übertragen werden. Das heißt, es müsste eine winzig kleine Zeitverzögerung geben, bis das zweite Teilchen reagiert. Bei einem Abstand von zehn Metern wäre das etwa eine Dreißigmillionstelsekunde. Man kann das messen.
Eine Erklärung hat man noch nicht gefunden.

Es gibt keine Zeitverzögerung der Übertragung, das bedeutet, es gibt keine Übertragung.
Das erste und zweite Teilchen bilden eine gemeinsame, eine einzige Identität, auch wenn eine räumliche Distanz zwischen ihnen besteht.
Das ist noch ein bisschen merkwürdiger als die Dualität von Teilchen und Welle.
Und es sollte uns an der absoluten Realität des Raumes zweifeln lassen.

IV Geist

Supersymmetrische Partner

Vakuum und Materie können supersymmetrische Partner sein.
Aber wieso wird das Vakuum immer größer und energiereicher, während die Materie sich kaum verändert?

Eine ernst zu nehmende Frage.

Gibt es etwas, das im Bereich der Materie auch immer größer und energiereicher wird?

Nicht direkt sichtbar. „Schwarze Löcher“, extrem massereiche Körper auf engem Raum, sind zwar gewaltige Ansammlungen von Materie, die aber, wenn sie sich erweitern, andere Materie vernichten.

Aber der Geist. Das Wissen und die Verständnisfähigkeit nehmen extrem schnell zu.
Jedenfalls auf unserer Erde, aber vielleicht gilt das auch anderswo.

Das zeigt eine Parallelität zur Entwicklung des Vakuums.

Wir können auch den verstehenden und lernfähigen Geist als supersymmetrischen Partner des Vakuums annehmen.

Der Partner ist nicht direkt Gottes Geist, sondern der von der Materie, uns, entwickelte Geist.

Warum soll es nicht mehrere supersymmetrische Partner geben? Als Partner für das Vakuum kommen sowohl die Materie als auch der von ihr entwickelte menschliche, vielleicht auch walische, delphinische… Geist in Frage.

Die Evolution des Geistes

Am Anfang des Universums wirkte der Geist in der Organisation der Materie.
Atome entstanden, die sich zu Molekülen verbanden.

Organische Moleküle bildeten hochkomplizierte Strukturen, die in der Lage waren, sich selbst zu reproduzieren und weiter zu entwickeln. Ein Prozess, der nicht durch Zufall erklärt werden kann. Die Wahrscheinlichkeit dafür wäre Eins zu einer Zahl, die die Anzahl aller Atome im Universum bei weitem übersteigt.

HIER WAR GEIST AM WERK.

Gehirne entstanden, und so konnte die Materie selbst Geist entwickeln. Auch die Gehirne wurden zu immer komplexeren und komplizierteren Gebilden, und mit ihnen wuchsen die geistigen Fähigkeiten der Materie, sie wurden variantenreicher, umfassender.

Der menschliche Geist entwickelte die Fähigkeit zu Selbstreflexion und logischem Denken.

Man könnte noch immer zweifeln, ob es Gott gibt. Aber eigentlich habe ich einen Indizienbeweis geführt, dass eine steuernde Intelligenz existiert, Gott genannt.
Schauen wir uns an, was das für ein Gott ist.

In welcher Beziehung steht Gott zu seiner Schöpfung?

Für das Judentum ist Gott ein außenstehender Beobachter und Richter, der gelegentlich eingreift.
Das Christentum ergänzt diese Vorstellung durch Jesus, einen Menschen, in dem Gott sich verkörperte.
Der Islam hat dies übernommen, sieht Jesus aber nicht als Gott, sondern als begnadeten Propheten, lässt jedoch zu, dass Gott in allen Menschen, ja in seiner ganzen Schöpfung enthalten sein könnte, wie von islamischen Mystikern, den Sufis, behauptet wird.
Diese Betrachtungsweise finden wir auch in Naturreligionen, im Schamanismus.

Wenn die Wahrheit dem Verstand zugänglich wäre, gäbe es nur noch eine Religion, wenn überhaupt.

Also müssen wir versuchen, uns der Antwort auf andere Weise zu nähern.

Ockham's Rasiermesser

Wenn man etwas erkennen will, was man nicht beweisen kann, sollte man „Ockham's Rasiermesser" benutzen: Schließe alle Voraussetzungen aus, die nicht gebraucht werden, und lasse nur die Voraussetzungen übrig, die für das zu Erkennende notwendig sind.

Wenn wir diese Vorgehensweise auf die Erkenntnis Gottes anwenden, dürfen wir nicht von einer Religion als Voraussetzung ausgehen.
Wir müssen Religionen beiseite schieben und als Voraussetzung nehmen, was wir wissen.

Wir wissen doch inzwischen einiges über das Universum.

Die Wissenschaftler sagen, dass das Universum aus einem einzigen Punkt, einer so genannten Singularität, durch den „Urknall" explosionsartig hervor gegangen ist. Beweise gibt es dafür nicht, allerdings Hinweise.
Jedenfalls war das Universum früher extrem klein, dicht und heiß und dehnte sich dann aus. Materie entstand erst, als das Universum sich durch die Ausdehnung abkühlte. Das geschah allerdings im Bruchteil einer Sekunde, aber Zeit ist relativ.

Die ursprüngliche Singularität war aus materieller Sicht ein Punkt.

ALSO MUSS SIE IM WESENTLICHEN NICHT-MATERIELL GEWESEN SEIN!!!

Dies legt die Idee nahe, Gott mit der ursprünglichen Singularität gleich zu setzen. Dann hätte Gott sich durch die Entstehung des Universums aufgespaltet. Wäre er dann nur noch in Splittern vorhanden? Nein, denn Geist ist etwas anderes als Materie. Der ursprüngliche Geist kann durchaus erhalten geblieben und dennoch in all diesen Splittern enthalten sein.

Ich mag eine etwas abgewandelte Sichtweise: Es gab keine Aufspaltung, sondern ein Sich-Öffnen Gottes, so dass Myriaden von Aspekten, Facetten Gottes zu Tage traten. Jeder Teil der Schöpfung trägt mindestens eine dieser Facetten in sich.

Diese Sichtweise, Sich-Öffnen statt Aufspaltung, lässt leichter verstehen, dass Gott noch in seiner Ganzheit vorhanden ist. Über den Geist sind alle Facetten miteinander verbunden.

Warum gibt es Materie?

Mystiker schreiben Gott folgende Äußerung zu: „Ich habe die (materielle) Welt geschaffen, weil ich ein verborgener Schatz bin, der erkannt werden wollte".
Man sollte diesen Satz in sich hinein sinken lassen und darüber meditieren.

Eigentlich ist (war) Gott Eins, ein vollständiges Ganzes, andere Existenz gibt (gab) es nicht, es gibt (gab) nur eine Existenz: Gott.
Salopp gesprochen: Gott hatte Langeweile. Er war Eins, es gab nichts außer Ihm, und er wollte Vielfalt.
Naturwissenschaftlich übersetzt: Gott war die Singularität, die sich im Urknall aufspaltete und damit ein vielfältiges Universum erschuf. Sinn der Aufspaltung in verschiedene Materieeinheiten, die sich verbinden, wieder aufspalten, wieder neu verbinden usw., ist Entwicklung. Entwicklung bis hin zur Erkenntnis der ursprünglichen Singularität in all ihren Facetten, die in ihr verborgen waren.

Es ist aber sehr kurzsichtig und borniert, einfach so anzunehmen, wie die Naturwissenschaft es tut, dass sich die Singularität nur in Materie aufgespaltet hätte. Die Naturwissenschaft kennt eben nur die Materie.
Der geistige Bereich wird von ihr skeptisch betrachtet, weil er ihren Untersuchungsmethoden nicht zugänglich ist.

Doch ist der geistige Bereich sicher viel bedeutsamer als der materielle. Schon deshalb, weil Gott diese ganze Entwicklung beobachten möchte und das auch tut. Sonst hätte das Ganze keinen Sinn. Offensichtlich strebt auch das Materielle, zumindest in Gestalt des Menschen, immer stärker nach dem geistigen Bereich.

Warum will Gott sich selbst erkennen?

Weil es Spaß macht, die Vielfältigkeit in ihren unendlichen Ausformungen zu erleben.
Weil es Spaß macht, Entwicklungen zu sehen, die zu etwas Großem führen.
Weil in der Vielfältigkeit Schönheit liegt. Das Zusammenwirken von Verschiedenem erzeugt Schönheit.
Schönheit erkennen wir unmittelbar in der Natur. Wir erkennen sie aber auch in Musik, Poesie und anderen Werken.
Auch in Gedanken, Gefühlen, Lebenseinstellungen.
In den Höhenflügen des Geistes.

Damit ist absolut nicht gemeint, ganz im Gegenteil, dass Gott etwas „Hässliches" nicht leiden könnte. Es kommt ja von und aus ihm. Er liebt das „Hässliche". Denn im „Hässlichen" offenbart sich eine Schönheit, die im offensichtlich Schönen nicht erkennbar ist, oft sogar eine tiefere Schönheit.

Liebt Gott auch das Böse? Er kann es nicht ablehnen. Auch das Böse kommt von und aus ihm. Böses kann aber bewirken, dass Gutes voran getrieben und weiter entwickelt wird.

Jetzt habe ich das Hässliche und das Böse nebeneinander gesetzt. Jedoch gilt:
Das Böse ist hässlich, auch wenn es schön erscheint. Das Hässliche kann böse oder gut sein, seine Schönheit ist verborgen aber vorhanden. Das offensichtlich Schöne kann auch böse oder gut sein und bei näherem Hinsehen Hässlichkeit offenbaren.

Das göttliche Gleichgewicht

Da alles aus dem einen einzigen Gott kommt (physikalisch: der Singularität vor dem Urknall), kann nur etwas existieren, von dem auch das Gegenteil existiert.
Sonst ließe sich die vollkommene Einheit nicht wieder herstellen.
Es wäre etwas verloren, was nicht verloren gegangen sein kann. Es gibt nichts, wohin etwas entweichen könnte.

Deshalb besteht die Welt aus Polaritäten wie Gut und Böse und Grautönen dazwischen.
Witzig ist, dass die Bösen sich oft für gut halten und Gute auch Böses tun.
Das kann aber gar nicht anders sein, weil in jeder Situation immer alles vorhanden ist, in jedem Augenblick, von Gut bis Böse, von Reich bis Arm, von Schön bis Hässlich, und so weiter.

In jedem Augenblick ist Vollkommenheit. Vollkommenheit bedeutet Anwesenheit und Zusammenwirken aller Bestandteile, von Negativ bis Positiv und aller Zwischentöne, in jeder Hinsicht.

Drei Ausrufezeichen!!!

Dies ist aus der Sicht Gottes vielleicht das wichtigste Kapitel dieses Buches.

Gegenteile

Durch die Aufspaltung der vollkommenen Einheit konnte nur etwas in die Existenz kommen, wenn auch das Gegenteil in die Existenz kam.
Da gibt es eine Schwierigkeit. Was ist das Gegenteil von einer Blume? Ein Baum sicher nicht, denn er ist auch eine Pflanze.
Es gibt kein Gegenteil von einer Pflanze.

Auf materieller Ebene gibt es keine Gegenteile, außer im Bereich der Elementarteilchen: Elektron und Positron, Proton und Anti-Proton und so weiter.
Aber zum Photon (Licht) gibt es kein Antiteilchen, und beim Neutrino ist man nicht sicher.

Ansonsten gibt es Gegenteile nur im geistigen Bereich: Freude – Traurigkeit, Intelligenz – Dummheit, Mut – Angst, Bescheidenheit – Stolz und so weiter.
Aber da habe ich es mir zu einfach gemacht.

Ist Traurigkeit das Gegenteil von Freude? Das Gegenteil von Freude ist Freudlosigkeit. Das kann neben Traurigkeit auch Apathie, Gleichgültigkeit bedeuten.
Intelligenz hat mit Schlauheit, Lernfähigkeit, Verständnisfähigkeit nicht immer viel zu tun. Dummheit kann Lernschwäche, Begriffsstutzigkeit oder Naivität bedeuten. Intelligenz und Dummheit können leicht in ein und derselben Person vorhanden sein.
Oft finde ich Verständnis nicht bei einem Professor, sondern einer ganz „einfachen“ Person.
Man kann auch stolz auf seine Bescheidenheit sein.
Über Schönheit und Hässlichkeit, Gut und Böse wurde schon etwas gesagt.

Es gibt keine lineare, eindimensionale Beziehung Eigenschaft zu Gegenteil dieser Eigenschaft.
Zu jeder Eigenschaft gibt es in der Regel ein Spektrum von gegenteiligen Eigenschaften, die sich sogar mit dieser Eigenschaft vermischen können.

Die „Aufteilung“ Gottes

Frohe Botschaft: Gott existiert in seiner Ganzheit weiter. Die Aufteilung hat nur ermöglicht, dass sich seine Facetten ausdrücken können.
Das heißt, seine Aufteilung in die Vielheit beinhaltet alles, was möglich ist.

Um es vereinfacht, aber deutlich zu sagen: Nun existieren sechzehn Sechzehntel (um irgendwo anzufangen), aber auch acht Achtel, vier Viertel, zwei Hälften und – hurra – ein Eintel, das Ganze.
Gott hat sich aufgeteilt und bleibt doch ganz. Sie verstehen das nicht? Dann schauen Sie mal in die Quantenphysik. Die versteht keiner, aber sie existiert.
Es wäre auch dumm, wenn Gott sich sinnlos aufgesplittert hätte. Er könnte dann das Ganze nicht mehr überschauen, hätte sich selbst zerstört. Das wäre unsinnig.

Das Eine hat sich (fast) unendlich aufgeteilt. Diese (fast) unendlich kleinen Einheiten bilden jedoch (fast) unendlich viele Gruppen, in denen sie verbunden sind, und die größte dieser Gruppen ist die, in der alles vorhanden ist, Gott.
Mathematiker und Mystiker verstehen das.

Warum sich das Universum ausdehnt

Gott will gar nicht in erster Linie, dass seine Schöpfung, die er ja selbst ist, ihn vollständig erkennt.
Jedenfalls geht es ihm nicht darum.
Es geht ihm darum, dass die Schöpfung sich in größter schöner Vielfalt mit Hang zur Vollkommenheit entwickelt.
Einer Vollkommenheit, die praktisch gleich Gott ist.

Er lässt zu, dass Teile der Schöpfung (manche Menschen, vielleicht auch Delphine, Wale…) diese Vollkommenheit erreichen, aber es geht Gott nicht darum.
Es geht ihm um Vielfältigkeit, Schönheit, Erkenntnis und den Genuss, den all dies bietet.

Gott litt unter seiner Einzigartigkeit und Vollkommenheit. Durch seine Erzeugung der Vielheit kann er endlich genießen.
Er hat keinen Grund, zu seinem ursprünglichen Zustand zurück zu kehren.

Anmerkung für Physiker: Deshalb wird unser Universum auch nicht zu dem Zustand vor dem Urknall zurückkehren.
Wir neigen zur, besser gesagt sehnen uns nach Vollkommenheit (weil wir uns nach Gott sehnen). Deshalb hätten wir es gerne, dass alles, das ja aus Gott gekommen ist, wieder zu Gott zurückkehrt, was einen schönen abgeschlossenen Kreislauf bilden würde.

Nein, Gott ist an Abgeschlossenheit oder einem Kreislauf nicht interessiert.
Es soll weiter gehen. Weiteren möglichen Entwicklungen sind keine Grenzen gesetzt.
So soll es sein.

Vielfältigkeit, Schönheit, Humor

Ja, ich, ein vorübergehendes „Nichts“ auf einem winzigen Planeten in einem Sonnensystem am Rande der Milchstraße, die ja auch nicht gerade der Nabel der Welt ist, traue mich zu sagen:
Das Universum läuft hinaus auf Vielfältigkeit, Schönheit, Humor.
Der Terminus „läuft hinaus“ ist bewusst gewählt. Erst der „Urknall“, mit dem das Universum begann, ließ diese Entwicklung zu.

Vielfältigkeit, Schönheit und Humor, das ist es, was man braucht, um zu genießen, sich zu erfreuen.
Gibt es noch mehr? Dann gibt es das sicher auch im Universum. Bitte sagt mir, was es ist. Ich möchte auch daran teilhaben.
Aber eigentlich bilden Vielfältigkeit, Schönheit und Humor schon ein vollkommenes Ganzes, vollkommenen Genuss.
Für Gott und für Gottes Schöpfung, die aus Gott selbst besteht.

Gott hat Humor

Schon wenn man die Natur betrachtet, wird klar, dass es Gott nicht nur auf Zweckmäßigkeit ankommt.
Das imposante Geweih der Hirsche ist ziemlich unpraktisch, da kann man leicht im Gestrüpp hängen bleiben.
Das Rad, das der Pfau mit seinen Federn schlagen kann, dient auch nicht dem Überleben.
Und wozu wachsen den Menschen lange Haare auf dem Kopf, Männern sogar im Gesicht? Ein Schutz vor Kälte ist das kaum, da wäre ein dichter Pelz wie bei den Bären sinnvoller.

Man kann das alles mit sexueller Lockung erklären, aber rein praktisch gesehen würden ein kräftig gebauter Körper und Pheromone (Sexualduftstoffe) ausreichen.

Offenbar hat Gott Spaß an den bunten Pfauenfedern, den mächtigen Geweihen und den langen dünnen Haaren.

Wie ist es mit dem Riechen? Unser Empfinden von guten Gerüchen unterscheidet sich definitiv von dem der Hunde.
Ich glaube, Gott liebt alle Gerüche, alles was existiert.

Geniale Natur

Immer wieder bringt die Natur Formen hervor, die unseren industriellen Erzeugnissen überlegen sind. Mit moderner Technik können wir sie aber manchmal nachbauen.
Zwei kürzlich entdeckte Beispiele aus dem Insektenreich:

Die Haare an den Beinen einer bestimmten Bienenrasse (Schenkelbienen) können besonders gut Öl aufsaugen und festhalten. Dagegen weisen sie Wasser ab, weil Wassertropfen durch ihre Oberflächenstruktur keinen Halt an den filigranen Haaren finden.
Man analysierte den Aufbau der Haare und konstruierte entsprechende Werkstoffe. Sie saugen Öl extrem gut auf und weisen Wasser gleichzeitig ab, so dass sie hervorragend für die Beseitigung von Ölteppichen geeignet sind, ohne chemische Nebenwirkungen.

Libellen haben Hautstellen am Kopf, die wie Klettverschlüsse wirken, nur viel besser.
Libellen werden ständig von Fressfeinden verfolgt. Nun können sie sogar bei der Paarung einfach davon fliegen und bleiben dennoch eng verbunden.
Man hat entsprechende Verschlüsse nachgebaut. Sie bleiben geschlossen, selbst wenn man das Gewicht eines Menschen daran hängt, öffnen sich aber ganz leicht durch einen Schlag von der Seite.

(Quelle: die Fernsehsendung „Die große Show der Naturwunder“, ARD, 1. 11. 2007.)

Das „Wort“

Viele behaupten, nur der Mensch wäre der Sprache mächtig.
Warum zwitschern Vögel (mit erbsengroßen Gehirnen) so häufig, wenn sie nicht gerade schlafen?
Das Zwitschern ist Kommunikation. Es bedeutet:
„Hier bin ich, ihr erkennt mich an meinem Zwitschern.“
„Es ist alles in Ordnung.“
„Versteckt euch oder flieht, Feinde im Anzug!“
„Es ist ein schöner Tag.“
Und vieles mehr.
Inzwischen wird kaum noch bestritten, dass die Lieder der Wale eine Form der Kommunikation sind.
Fische kommunizieren miteinander durch Schwimmbewegungen, manchmal auch Wechseln der Hautfarbe, vermutlich auch Geräusche.
Alle Lebewesen kommunizieren, egal ob wir das verstehen oder nicht.
Vermutlich kommunizieren sie auch auf telepathischem Weg, zum Beispiel wenn sie sich in Schwärmen bewegen.

Auch wir verständigen uns nicht nur durch die Sprache miteinander, sondern viel direkter mit Gesten, Körpersprache, Gefühlsäußerungen, unserem Geruch (Pheromone).
Dennoch sind wir stolz darauf, dass wir Menschen als einzige uns bekannte Wesen komplexe Sprachen entwickelt haben.
Mit der Sprache können wir unsere Gedanken ziemlich genau anderen Menschen mitteilen.
Doch Sprache ist Abstraktion. Wörter sind „Schubladen“ von Bedeutungen. Die Bedeutungen können durch Sprache nicht direkt mitgeteilt werden, sondern nur in Form von Codierungen.

Häufig werden Wörter verwendet, nicht um etwas wahrheitsgemäß zu beschreiben, sondern zu beschönigen oder zu verunglimpfen. So bezeichnen die Abgeordneten des deutschen Bundestages, die ihre Gehälter immer wieder gerne saftig erhöhen, während sie die übrige Bevölkerung zu Opfern aufrufen, diese Gehälter als „Diäten“.
Wörter sind Codes. Damit entfernt uns die Verwendung von Sprache in

gewisser Weise von der Natur, wenn sie auch unbestreitbar von hohem Nutzen ist.
Unser Problem ist, dass wir die Sprache, also die Verwendung von Wörtern, allzu sehr in den Vordergrund schieben.
Andere Arten der Kommunikation nehmen wir kaum noch wahr. Dadurch entfernen wir uns noch stärker von der Natur.

Ich stehe daher dieser Bibelstelle skeptisch gegenüber:
„Am Anfang war das Wort.
Das Wort war bei Gott.
Und Gott war das Wort."
Ersetzen Sie hier „das Wort" durch „der Gedanke" oder „die Idee".
Man erfährt dadurch ein bisschen mehr Wahrheit, aber letztendlich bleibt es Unsinn, weil es Gott auf Sprache, Gedanke oder Idee verengt.
Diese Bibelstelle stammt vom Evangelisten Johannes. Er wollte, glaube ich, die Menschen von den Tieren abgrenzen und zu Gott in eine größere Nähe rücken.
Aber wann äußert sich Gott schon einmal in Worten?
Gewöhnlich äußert er sich auf anderen Wegen, nämlich durch das, was wir direkt erleben.

V Das Buch des Wissens

Die Quelle des Wissens

Die Natur, wie sie sich uns im normalen Leben darstellt, ist uns gewohnt, vertraut, auch angenehm.
Kein Wunder, denn wir sind so gebaut, dass wir genau in diese Natur hineinpassen.
Doch die Natur, die im Kleinsten ist (Atome und noch kleiner) und im Größten (Galaxien, Galaxienhaufen und die „Leere" dazwischen), gehorcht Gesetzen, die unserer erlebten Natur fremd sind.
Weil wir neugierig sind, wollen wir auch diese Gesetze verstehen.

Aber es ist nicht nur unsere Neugier.
Wir ahnen nicht nur, sondern wir wissen, dass es viel mehr gibt, als wir direkt erleben.
Dieses Wissen, dass es viel mehr gibt, haben uns nicht nur die Naturwissenschaften gebracht.
Nein, die Naturwissenschaften sind eine Folge dieses Wissens.
Ich stelle eine These auf, die zunächst einmal merkwürdig klingt:

Es gibt eine Quelle des Wissens. Man kann sie auch „Buch" allen Wissens nennen. Sie existiert außerhalb von Raum und Zeit. Wir haben Zugriff zu ihr. Immer. Wir sind uns nicht dessen bewusst, aber wir nutzen sie, immer!

Wir nutzen sie aber nur mit unserer Intuition, sozusagen unfreiwillig, wenn wir sie brauchen. Ihre Existenz ist uns nicht bewusst. Aber, tröstlich, sie ist immer für uns da.
Und manche von uns schöpfen daraus ihre Inspiration für neue Erkenntnisse.

Diese Quelle kann nicht direkt angezapft und schon gar nicht auf einen PC heruntergeladen werden. Sie ist „lediglich" Inspiration und Hilfe, wenn man sie braucht. Sozusagen ein Geschenk, das der bekommt, der dafür bereit ist.

Diese These scheint gewagt zu sein. Ich möchte auch nicht, dass Sie sie einfach so akzeptieren. Ich stelle sie erst mal in den „Raum". Gucken Sie sie an, nehmen sie als Behauptung auf, bewerten Sie sie aber noch nicht; alles ist möglich: uneingeschränkt wahr, teils - teils bis Unsinn.

Und jetzt schauen Sie die Natur an, die wir kennen.

Wer hat den Vögeln erklärt, wie sie ihre oft kunstvollen Nester bauen sollen?
Wie können Spinnen solch kunstvolle Netze weben?
Bienen und Ameisen organisieren kunstvolle Behausungen und Gemeinschaften.
Und so weiter, und so weiter. Dies gilt natürlich auch für Menschen.

Immer taucht das Wort „kunstvoll" auf. Alle Materie, insbesondere organische und erst recht lebendige ist überaus kunstvoll aufgebaut.
Natur und Kunst hängen offenbar eng zusammen. Natur ist kunstvoll, immer. Die Natur ist wunderbar, großartig.
Natur und Schönheit: „Nur" Natur ist schön. Wenn Kunst schön ist, passt sie in die Natur.

Wer sich der Natur ganz hingibt, greift unbewusst auf das „Buch" des Wissens zu und macht alles richtig.
Sie sagen, das Wissen ist in den Genen codiert? Aber wie sollen die Gene das alles zustande bringen? Ich glaube, die Gene können dies nur schaffen, wenn sie auf das „Buch" des Wissens Zugriff haben.

Es handelt sich natürlich um kein richtiges Buch, sondern etwas Nicht-Materielles, das die Funktionen eines Buches erfüllt. Im Folgenden lasse ich die Anführungszeichen weg.

Was ist das Buch des Wissens?

Wenn der Plan für die Konstruktion eines Nestes in seinen Genen codiert ist, wie entschlüsselt der Vogel dann den Code für diesen Bauplan? Natürlich gibt es gar keinen Bauplan. Wenn die richtige Zeit gekommen ist, tut der Vogel einfach, was zu tun ist, ob er nun ein Nest baut oder bevor es kalt wird in den Süden fliegt.

Nein, es existiert ein Buch des Wissens mit einem Kapitel für und über Vögel, in dem das Wissen, die Erinnerungen, ja das ganze Leben aller Vögel gespeichert ist.

Das Buch des Wissens enthält (mindestens) alles, was seit Beginn des Universums geschehen ist.
Das Buch des Wissens ist offenbar noch gewaltiger als das ganze Universum.

Stellen Sie sich vor, unser gegenwärtiges Universum wäre flach wie eine Ebene. Nun stellen Sie auf diese Ebene einen Stab, der nach oben ragt. Er symbolisiert die Zeit, die seit dem Beginn des Universums vergangen ist. Dann bauen Sie auf dieser Ebene einen Turm auf, der die ganze Ebene umfasst und so hoch wie der Stab ist, etwa dreizehn bis vierzehn Milliarden Jahre. Dieser Turm ist übrigens das, was Physiker als vierdimensionales Raum-Zeit-Kontinuum bezeichnen. Der Turm wird nach oben hin enger, weil das Universum früher kleiner war.
Jetzt haben Sie eine bildliche Vorstellung vom Buch des Wissens.
Bevor Sie sich davon erschlagen lassen: Wäre das Buch des Wissens materiell, also Bestandteil von Raum und Zeit, dann müsste es doch bei weitem nicht so groß sein wie der Turm. Sogar wir sind schon in der Lage, Informationen auf Computerchips eng zu packen.

Das Buch des Wissens enthält alles, was jemals erkannt worden ist, von den kleinsten Einheiten (z.B. Atomen, Elektronen, Neutrinos, Quarks) bis zu den größten Einheiten (Galaxienhaufen, dem Universum, eventuell Universen) nicht nur als Gegenstand des Wissens, sondern als Wissende.

Ja, nicht nur wir, sondern alle Teile dessen, was existiert, sind jeweils nach ihrer Art zu Erkenntnis fähig. Und zusammengefasste Teile erst recht. Und das Ganze zusammen natürlich erst recht.

Ich habe noch eine starke Vermutung:
Das, was auf Grund der erlebten Vergangenheit in das Buch des Wissens eingegangen ist und dadurch einen festen Platz gefunden hat, ist noch nicht alles.
Sondern das Buch des Wissens enthält wahrscheinlich schon jetzt, was alles zukünftig möglich ist. Ich selbst habe manchmal den Eindruck, dass ich auf zukünftiges Wissen zugreife. Dann habe ich ein festes Gefühl, aber keine Gewissheit.
Ich vermute aber, dass vieles vom wissenschaftlichen Fortschritt auf der Zuhilfenahme von „zukünftigem Wissen" beruht. Steht dies in Widerspruch zu dem Prinzip, dass zuerst die Ursache und dann die Wirkung kommt? In der Quantenphysik gilt dieses Prinzip nicht immer.

Wo ist das Buch des Wissens? Da Alles und Jeder immer Zugriff darauf hat, muss es überall sein.

Ist Buch des Wissens einer der Namen Gottes? Kann man so sehen.
Heißt dies, dass wir auf Gott immer Zugriff haben? Natürlich. Aber nicht mit unserem Willen, sondern so und nur so, wie wir es brauchen. Was wir wirklich brauchen, ist uns oft nicht bewusst.

Warum können wir auf das Buch des Wissens nicht mit dem Verstand zugreifen?

Der Verstand mit seinen Gedanken arbeitet linear, Schritt für Schritt.
Das Wissen ist aber total, umfassend.
Es lässt sich nicht aufdröseln in kleine Von-Schritt-zu-Schritt-Einheiten.

Um Zugang zum Wissen zu bekommen, brauchen wir den richtigen Schlüssel.
Der Verstand ist kein passender Schlüssel, denn Linearität passt nicht in die Totalität.
Es wäre so, als ob man eine einzige Straße benutzen wollte, um eine ganze Stadt zu erkunden.

Einwand: Ich will ja gar nicht das ganze Wissen auf einmal haben, ich will ja nur einen kleinen Teil.

Antwort: Das eben Gesagte gilt auch für einen kleinen Teil des Wissens.
Auch ein kleiner Teil des Wissens ist total, umfassend in dem Sinn, dass es alle Aspekte, die ihm zugrunde liegen, enthält.
Wie ein Bild, ein Musikstück.
Mit dem Verstand können wir die handwerklichen Grundzüge eines Bildes, eines Musikstückes analysieren, aber nicht sein Wesen, seine Bedeutung wahrnehmen.

Einwand: Kamen nicht die naturwissenschaftlichen Erkenntnisse durch Überlegung, Experimente und Schlussfolgerungen zustande?

Antwort: Ja, aber zugrunde lag und liegt immer die Inspiration, die Intuition, die zu den Überlegungen geführt hat.
Inspiration, Intuition sind Schlüssel zum Buch des Wissens. Wobei die Intuition vor der Inspiration kommt. Wenn die Inspiration da ist, ist die Tür eigentlich schon offen.
Intuition bedeutet Ahnung. Inspiration bedeutet Eingebung. Wo kommen die wohl her?
Sie basieren auf unserem Wissen, das wir vorher schon hatten.

Aber sie können nur auftreten, wenn wir über das bereits Gewusste hinauswachsen.
Wir empfangen sozusagen Ausstrahlungen des Buches des Wissens, die uns den Schlüssel liefern, es zu öffnen.

Folgerung: Nicht ich bin es, der auf das Buch des Wissens zugreift, sondern ich lasse zu, dass das Buch des Wissens auf mich zugreift.
Voraussetzung ist, dass ich die nötigen Grundlagen für das Wissen, das ich will, bereits habe.
Und dass mein Geist offen ist.

Strukturen

Mein Denken ist oft logisch, ich habe einen Hang zur Mathematik. Andererseits funktioniert in mir auch vieles ohne Denken, unstrukturiert.

Ich sehe ein Problem und betrachte es, ohne zu denken.
Dann stellen sich Assoziationen ein: Es entsteht ein Muster, das zur Lösung beitragen kann. Nachdenken zeigt vielleicht, dass die Lösung doch nicht funktioniert. Dann lasse ich erneut Assoziationen zu: Teile des ursprünglichen Musters ergeben mit Hinzufügungen neue Muster. Wieder denke ich nach, und der Prozess beginnt vielleicht von neuem.

Der Vorteil dieses Verfahrens liegt darin, dass ihm keine Struktur von vornherein aufgeprägt ist.
Zugrunde gelegte Systeme und feste Strukturen können nicht ohne Vorurteile sein und erschweren damit den Zugang zu Problemlösungen.

Das Wechselspiel zwischen strukturloser Intuition, die Muster schafft, und strukturiertem Denken, das die Muster beurteilt, bringt die Forschung auf eine höhere Stufe, von der aus dieses Wechselspiel weitergehen kann.

Es ist das Wechselspiel zwischen dem Buch des Wissens und dem Wissen, das wir bereits haben.
Wenn beide zusammen wirken, gibt es Fortschritt.

Was erfahren wir aus dem Buch des Wissens?

Immer das, was wir brauchen, was uns angemessen ist. Wenn wir zuhören.
Denn wir lesen es nicht, sondern es wird uns vorgelesen. Uns wird weit mehr vorgelesen als wir hören, weil wir ausblenden, was wir nicht verstehen, und das ist in Ordnung.

Begriffe wie „lesen" und „vorlesen" treffen es nicht richtig. Es ist schwer zu beschreiben.
Es ist „in Kontakt sein", „verbunden sein".

Das Wort „Buch" ist ja auch nur eine Umschreibung für eine nicht-materielle Existenz.

Wie erkennen wir, dass wir Informationen aus dem Buch des Wissens erhalten?

Wir bemerken es nicht. Wir haben plötzlich einen Einfall, der uns entscheidend weiterbringt. In diesem Moment grübeln wir natürlich nicht darüber nach, wie wir auf die Idee gekommen sind, sondern freuen uns einfach und machen sie uns zunutze.
Wenn uns jemand fragt, wie wir darauf gekommen sind, denken wir kurz nach und antworten, wenn wir ehrlich sind: Es war Intuition, eine Eingebung.

Ganz genauso ist es auch mit der Gedankenübertragung. Nicht nur Menschen können die Gedanken anderer Menschen empfangen, nein, alle Lebewesen können Gedanken, Gefühle, Absichten anderer Lebewesen empfangen. Man merkt nicht, dass Gedanken von außen kommen. Wir können sie von unseren eigenen Gedanken nicht unterscheiden.

In der Regel empfangen wir aber nichts von außen, weil wir mit uns selbst oder etwas anderem beschäftigt sind.

Selektive Wahrnehmung

Man kann aus dem Buch des Wissens nur etwas erfahren, wenn man über das nötige Grundwissen bereits verfügt, ganz egal, um welche Art von Wissen es geht.

Dieses Prinzip findet eine Spiegelung in unserer „informierten Gesellschaft" in Fällen, wo das Buch des Wissens gar nicht gebraucht wird, weil uns die benötigten Informationen über Zeitungen, Fernsehen, Internet bereits zugänglich sind.

Auch dann werden bestimmte Informationen ausgeblendet, nicht beachtet, wenn sie nicht zu den vorgeprägten Meinungen passen. Dagegen wird Informationen besonderes Gewicht beigemessen, die in das vorhandene Schema passen.

Ein Beispiel:

27. Dezember 2007. Vor einer Stunde ist die pakistanische Oppositionsführerin Bhutto ermordet worden. Die Nachricht wird über alle Fernsehkanäle verbreitet. Ein sehr bedeutsames Ereignis, weil in Pakistan Wahlen kurz bevor stehen und Pakistan für den Westen in seinem Kampf gegen den Terrorismus von größter Bedeutung ist. Das glauben jedenfalls westliche Regierungen.
Ich will auf etwas anderes hinaus.
Eine Bekannte hat einen Entwurf dieses Buches gelesen. Angeblich hat es ihr gefallen. Sie glaubt trotzdem unerschütterlich weiter an die Astrologie.
Nun sagt sie, sie wäre ein bisschen überrascht, dass es so lange gedauert hat, bis so etwas geschieht, aber die Horoskope hätten Attentate für die Weihnachtszeit vorausgesagt, und nun sei das ja eingetroffen.
Sie fühlt sich also in ihrem Glauben an die Astrologie bestätigt.

Das ist ein typisches Beispiel für selektive Wahrnehmung, die nur zur Kenntnis nimmt, was zu bereits vorhandenen Kenntnissen und besonders auch Vorurteilen passt.

Man sollte sich aber folgende Fragen stellen:

Sind denn nur Ereignisse von Bedeutung, die die Fernsehsender für wichtig halten?

Wenn ein Attentat Erfolg hatte, weist das schon auf eine Tendenz hin, dass eine bestimmte Zeit für Attentate besonders prädestiniert ist?

Passieren nicht jeden Tag auf der ganzen Welt Attentate? Wir können davon etwas erfahren, wenn wir danach suchen, zum Beispiel im Internet.

Sind nicht gerade religiöse und nationale Feiertage besondere Anlässe für Attentäter?

Vorurteile

Du liest etwas. Es könnte sensationell sein.

Aber du kennst den Autor. Er hat so viele Schwächen. Also muss sein Geschreibsel bedeutungslos sein.

Hätte er ein Pseudonym benutzt, etwa „Himnosafus Kambril“ (der Name sollte exotisch sein und bedeutungsschwanger klingen), würdest du ihm vielleicht einen Ashram (Tempel) bauen.

Einbildungen

Wenn wir eine Eingebung haben und ihre Richtigkeit nicht beweisen können, gibt es drei Möglichkeiten:

a) es ist eine Erinnerung,
b) es kommt vom Buch des Wissens,
c) es ist eine Einbildung.

Eine Eingebung kann sehr wohl nur Einbildung sein, weil wir dazu neigen, unseren Vorurteilen und Vorlieben entsprechende Dinge zu erfinden. Wir tun dies nicht bewusst. Es kann vor allem dann passieren, wenn die Umstände zu unseren Vorlieben und Vorurteilen passen.

Später werde ich über das Weiterleben nach dem Tod etwas sagen. Auch das könnte Einbildung sein, weil es nicht beweisbar ist.

Leider ist auch auf unsere Erinnerungen nicht immer Verlass.
Eine Bekannte behauptet, ihr verstorbener Mann habe immer so schön Klavier gespielt. Tatsächlich konnte er gar nicht Klavier spielen, wohl aber sein Vater, der interessanterweise denselben Vornamen hatte.

Falsche Erinnerungen entstehen oft dadurch, dass in uns richtige Erinnerungen, die in verschiedenen Situationen entstanden, miteinander verschmelzen.

Reale Erinnerungen können sich auch mit Wünschen und Vorstellungen zu falschen Erinnerungen verbinden.

Eventuell können sich sogar Wünsche und Vorstellungen so in uns einbrennen, dass wir sie für Erinnerungen halten, auch wenn keine realen Erinnerungen daran beteiligt sind.

Wir sollten den Gedanken akzeptieren, dass fast jeder von uns ein Bündel von falschen oder zumindest nicht ganz richtigen Erinnerungen mit sich herum trägt.

Da sich Eingebungen aus dem Buch des Wissens mit unseren Erinnerungen, auch falschen Erinnerungen verbinden, können wir zu falschen Schlussfolgerungen kommen.

Wie kann ich sicher sein, dass ich dem Buch des Wissens vertrauen darf?

Das ist verzwickt.
Es hängt ja nicht nur vom Buch des Wissens ab, sondern vor allem auch von meiner Offenheit, meiner Fähigkeit zu verstehen. Wenn ich glaube, etwas zu verstehen, kann ich es dennoch falsch interpretieren.

Einwand: Also ist es mit dem Buch des Wissens so ähnlich wie mit dem Orakel von Delphi: Es sagt mir nichts Konkretes; man kann es auslegen, wie man will. Dann ist es doch kein Buch des Wissens.

Antwort: Nein. Das Buch des Wissens ist konkret und funktioniert hundertprozentig. Tiere und Pflanzen benutzen es einfach. Sie können gar nicht anders. Nur für uns Menschen ist es nicht sicher, weil wir ein Gehirn haben, das dazu fähig ist, unabhängig vom Buch des Wissens zu denken. Dadurch sind wir auch in der Lage und verflucht, für uns wichtige Bestandteile des Buches des Wissens außer Acht zu lassen.
Aber das ist gottgewollt. So ist es uns nämlich auch möglich, das Buch des Wissens zu erweitern. Unser Verstand ist in der Lage, das Buch des Wissens zu erweitern.

Es ist heikel, worüber wir sprechen. Ist es das Buch des Wissens, so kann es erweitert werden. Ist es aber das Buch allen Wissens, so ist das Wissen, das wir hinzufügen, bereits enthalten.
Letztlich ist dies eine scholastische Frage, ohne praktische Bedeutung. Entscheidend ist, auf was wir Zugriff haben oder was auf uns Zugriff hat, wie auch immer: Es ist Wissen, auch uns momentan noch unbekanntes Wissen.

Deshalb spreche ich lieber vom Buch des Wissens und nicht vom Buch allen Wissens.
Das Buch des Wissens ist entwicklungsfähig, das Buch allen Wissens ist vollständig, da kann nichts mehr dazu kommen, es ist praktisch „Gott total“. Und da kommen wir vielleicht ungewollt in die Nähe dieser eng-

stirnigen Heilsversprecher, die glauben, im Besitz der „einzig gültigen Wahrheit“ zu sein. Sie sind dumm und verblendet.

„Gott total“ können wir nicht erkennen. Wir leben in einer Welt, die nicht direkt Gott, sondern von Gott „abgeleitet“ ist, um einen mathematischen Terminus zu gebrauchen. Ich kann die Welt nicht mit Gott direkt gleichsetzen, sondern muss sie als etwas betrachten, das von Gott „differenziert“ ist, aber durch „Integration“ wieder zu Gott gebracht werden kann.
Die Begriffe „Differenzierung“ und Integration“ sind mathematisch gemeint. Auch wenn Sie die Differential- und Integralrechnung nicht beherrschen, verstehen Sie, was hier gemeint ist, und damit haben Sie auf das Buch des Wissens zugegriffen (oder es auf Sie).
Der eben beschriebene „Turm“ ist übrigens mathematisch gesprochen das Integral des Universums über die Zeit.

Für Nichtmathematiker (und für Mathematiker erst recht):
Die Welt ist Ausdruck Gottes. In so künstlichen Einheiten wie Wolkenkratzern können wir Gott vielleicht nicht direkt erkennen. Aber in allen Bestandteilen der Natur, seien es Minerale, Pflanzen, Tiere oder wir selbst. Wir brauchen sie nur anzuschauen und uns ein bisschen Zeit dabei zu lassen.

Warum funktioniert das Buch des Wissens so gut bei Tieren und Pflanzen?

Tiere und Pflanzen tun genau das Richtige für sich und ihre Nachkommen, weil sie nicht nachdenken, sondern einfach nur sind und dadurch dem Buch des Wissens keine Schranken entgegen setzen.

Die Menschen, die die Fähigkeit des Nachdenkens haben, haben damit auch die einzigartige Fähigkeit entwickelt, dem Buch des Wissens Schranken entgegen zu setzen.
Das muss aber auch so sein, denn nachdenkenden Wesen steht potentiell fast unendlich viel mehr Wissen zur Verfügung als nicht denkenden Wesen.
Diese riesige mögliche Menge an Wissen würde den Menschen erschlagen.

Ist das Buch des Wissens ungerecht?

Da lehnt sich der eine nur zurück, denkt an nichts, öffnet seinen Geist und empfängt Botschaften aus dem Buch des Wissens.
Ein anderer lernt und lernt, strampelt sich ab, wendet seine ganze Kraft auf, und es kommt nichts dabei heraus.

Antwort: Es ist nicht so einfach mit dem Buch des Wissens.
Der, der sich abstrampelt, hat ein klares Ziel vor Augen: Er will unbedingt erreichen, was er sich vorgenommen hat. Dieser Wille ist so stark, dass er alles beherrscht. Da ist es ganz schwierig, feine Einflüsse aufzunehmen. Von dem Buch des Wissens kommen aber oft nicht fette Schlagzeilen, sondern subtile Botschaften, die man nur dann registrieren kann, wenn man offen und innerlich frei ist.

Die Einflüsse des Buches des Wissens wirken sich auf jeden Menschen anders aus. Worauf kommt es an, dass ein Mensch möglichst viel aus dem Buch des Wissens empfangen kann?

Erstens, er muss über das nötige Grundwissen bereits verfügen, damit er das neue Wissen verstehen und verarbeiten kann.

Zweitens, er darf keine Vorurteile haben, wie das neue Wissen beschaffen sein müsste.

Drittens, er muss an dem neuen Wissen interessiert sein.

Wenn nicht jeder dieser drei Punkte erfüllt ist, kann das Buch des Wissens nicht richtig greifen.

Wenn Punkt Eins nicht erfüllt ist, kann der Mensch noch so viele Informationen erhalten; er kann nichts daraus machen, weil er sie nicht versteht.

Wenn Punkt Zwei nicht zutrifft, kann er alle Informationen erhalten, aber er wird sie filtern und nur akzeptieren, was in seine Vorurteile passt.

Damit wird er das Wissen verbiegen und verändern, verfälschen. Das kommt sehr, sehr oft vor! Man kann fast sagen, es ist die Regel.

Wenn er Punkt Drei nicht erfüllt, kann er noch so viele Informationen erhalten, er wird sie gar nicht aufnehmen, geschweige denn verarbeiten.

Kommen wir nun zu den angenehmeren Erscheinungen: Die Punkte Eins, Zwei und Drei sind erfüllt. Ein Mensch verfügt über das nötige Grundwissen und hat keine Vorurteile, wie weitergehende Informationen beschaffen sein müssten, ist aber interessiert.
Das ist der Wissenschaftler oder Bäcker oder Blumenzüchter, der Beruf ist egal, den wir uns wünschen. Er kann das zu ihm passende neue Wissen empfangen und verarbeiten.

Leider, aber es kann natürlich nicht anders sein, wird das Buch des Wissens sehr, sehr häufig missbraucht. Es geschieht immer wieder durch Menschen, die die Punkte Eins und Drei wenigstens teilweise erfüllen, aber nicht Punkt Zwei.

Es sind die Ehrgeizigen, die ihren Namen im Buch der Geschichte (huch, schon wieder ein Buch!) verewigt wissen wollen und manchmal dafür sogar nicht vor bewussten Fälschungen zurückschrecken. Meist glauben sie aber an die Wahrheit dessen, was sie verbreiten, weil sie sich nichts anderes vorstellen können, oft halten sie es für die „absolute Wahrheit“. Sie sind engstirnig. Ihr Zugang zum Wesen des Universums, das auf Vielfältigkeit, Schönheit und Humor hinaus läuft, ist mit Scheuklappen versehen.

Aber kein Mensch, auch der wohlmeinendste, gemütlichste und liberalste, offenste (zum Beispiel ich, glaube ich, haha), ist davor gefeit, Irrtümer zu begehen und auf Grund unbewusster Vorurteile wichtige Informationen aus dem Buch des Wissens zu vernachlässigen.

Mein persönlicher Zugang zum Buch des Wissens

Es ist für jeden anders.

Bei mir ist es so: Ich fühle eine ganz innige Verbindung mit Gott. Was der, die, das Gott ist, weiß ich nicht, ich vermute aber ganz stark, dass Gott weder der, die noch das ist.
Wer, wie, was auch immer Gott ist: Schon das ist falsch.
„Er" ist kein wer, wie, was, auch kein „Er".
Ich bin leer. Ich bin dankbar.

Immer danke ich Gott, dass mir die Erfahrungen dieses Lebens geschenkt werden.
Meine Dankbarkeit fühle ich ständig, drücke sie aber auch oft sprachlich aus, weil ich das Bedürfnis dazu verspüre. Dazu verwende die arabische Sprache, die ich nicht verstehe.
Ich finde es adäquat, in Ordnung, Gott, den ich vielleicht mehr als manch andere, aber eigentlich nicht verstehe, in Worten zu danken, die ich auch nicht verstehe.
Katholische Gottesdienste werden auch in Latein abgehalten, was die meisten Gemeindemitglieder nicht verstehen.

Es kommt nicht so sehr auf die Worte an, sondern mehr auf das Drumherum, meine Gefühle, mein Wesen, das ich in die Worte hinein lege, die ich selbst nicht verstehe.
Das ist für mich persönlich sehr wichtig, weil ich Worte für beschränkte Schubladen halte, aber es mag für jeden anders sein. Jeder hat seinen eigenen Zugang zu Gott.
Ich danke Gott, wenn ich in Worten danke, mit zwei Suren aus dem Koran, die ich auf Arabisch gelernt, deren Übersetzung ich aber vergessen habe, und es ist mir auch überhaupt nicht wichtig zu wissen, wie sie auf Deutsch heißen. Aber die arabischen Worte weiß ich noch ganz genau. Und ich weiß, dass sie die Einzigkeit, Größe und Barmherzigkeit Gottes betonen und die Bitte, mich auf meinem Weg zu geleiten.
Weil Sie neugierig sind, wollen Sie wissen, welche beiden Suren dies sind, aber ich sage es nicht, weil es für Sie überhaupt keine Rolle spielt.

Ich bin ständig offen für Gott. Ich weiß, dass mein Leben nur den Sinn hat, mich weiter zu entwickeln, nicht nur durch Lernen von Natur- und anderen Wissenschaften, sondern vor allem geht es darum, meine Persönlichkeit, meine Seele so zu entwickeln, dass sie in den göttlichen Strom, wie auch immer er fließt, ich habe ja meine Ahnungen, an denen Sie teilhaben, passt.
Diese Ahnungen schenkt mir das Buch des Wissens, weil ich so bin wie ich bin.

Einwand: Was haben Ahnungen denn mit Wissen zu tun?

Antwort: Ich vermute, in diesen Ahnungen steckt tiefes Wissen. Mein Problem ist, dass ich es nicht mit herkömmlichen wissenschaftlichen Verfahren beweisen kann.
Ein zweites Problem ist, dass ich nicht sicher sein kann, ob es durch meine Vorurteile verfälscht ist. Wenn ich keine Vorurteile hätte, wäre ich sicher, aber Vorurteile können sehr subtil und schwer aufzuspüren sein. Allein schon das eingebettet sein in die Natur dieser Welt erzeugt das Vorurteil, es könnte gar nicht anders sein.

Meine Zugangsweise zu Gott und dem Buch des Wissens ist meine.
Es gibt etwa sieben Milliarden Menschen auf der Erde. Daher vermute ich, dass es bei den auf der Erde lebenden Menschen etwa sieben Milliarden verschiedene Zugänge zu Gott und dem Buch des Wissens gibt.

Das „Buch der Irrtümer", des Glaubens ohne Wissen und gegen das Wissen

Ein schwarzes Kapitel, das seit Anbeginn der Zeit geschrieben wird, jetzt immer noch, und wer weiß noch wie lange, wahrscheinlich ist es nötig.

Ein „Heilslehrer" behauptet etwas, die Massen folgen, ein Riesenelend ist das Ergebnis.
Die Massen neigen dazu, irgendwelchen Losungen zu folgen, wenn es ihnen schlecht geht. Vor allem dann, wenn es ihnen das Gefühl gibt, mit denen auf einer Stufe (oder eine Stufe höher) zu stehen, denen es gut geht.
Diese Losungen sind Ideologien: Wer mir folgt, ist besser als die anderen.
Es ist idiotisch, aber es funktioniert immer wieder.

Dieses „Buch der Irrtümer" ist Gott sei Dank nicht so „dick" wie das Buch des Wissens. Der Grund ist, dass die Irrtümer sich immer gleichen, während das Wissen sehr umfangreich ist.
Man braucht offenbar die Irrtümer, auch wenn es immer wieder dieselben sind, um die Wahrheiten voran zu bringen.

Wie schon gesagt, es gibt eben auch Böses, was Gutes voranbringt und zwingt, sich weiter zu entwickeln.
So schwer es mir fällt, dies zuzugeben. Ich mag es nicht. Aber ich kann Gott nicht dreinreden. Ich will es natürlich auch nicht, denn es kommt von Gott, und deshalb funktioniert es auch.
Idioten treiben Vernünftige voran, damit sie noch besser werden. Wovon die Idioten natürlich nichts wissen.

Gott schmeißt nichts weg

Es gibt viele Menschen, die sich über die Welt und Gott Gedanken gemacht haben, dies niemandem mitgeteilt haben und gestorben sind. Glauben Sie, die Gedanken dieser Menschen wären verloren?
Sicherlich nicht. Sie sind im Buch des Wissens gespeichert, auf das immer Zugriff besteht.

Ich glaube aber nicht, dass Gott sich darauf beschränkt.
Auf die eine oder andere Weise gelangen die Erkenntnisse dieser Menschen auf jeden Fall in die Welt.

Man könnte sagen: Gott betrachtet sich sein Buch des Wissens. Wenn Gott der Auffassung ist, etwas davon findet in der Welt zu wenig Berücksichtigung, sorgt er dafür, wie auch immer, dass sich das ändert.

VI Das Ego

Die vielen Egos

Alle esoterischen Schulen sagen, das Ego ist nützlich, damit wir in dieser Welt überleben. Es wäre aber ein Hindernis, uns mit Gott wieder zu vereinigen.

Wenn es so ist, die beschleunigte Ausdehnung des Universums spricht dafür, dass Gott zu seinem ursprünglichen Zustand gar nicht zurückkehren will, das Universum nicht in seinen Zustand vor dem Urknall zurückkehren soll, ist die vollständige Wiedervereinigung mit Gott gar nicht erwünscht.
Gott lässt sie zu bei Individuen, die sich ganz darauf ausgerichtet haben. Aber er will sie nicht, er strebt sie nicht an. Er genießt die Vielfalt und Verschiedenheit, die er weiter entwickeln und ausbauen will.

Aus dieser Sicht ist es falsch, das Ego zu überwinden, denn die verschiedenen Egos manifestieren die erwünschte Vielfalt, Mannigfaltigkeit, Verschiedenheit.

Dadurch, dass Tod existiert, lassen sich Egos weiter differenzieren und entfalten (durch „Wiedergeburt").
Eine merkwürdige Idee: Ich muss sterben, um Gottes Sehnsucht nach weiterer Entfaltung zu befriedigen.
Bevor wir beleidigt sind, sollten wir um uns herum schauen. Ohne den Tod wäre Weiterentwicklung nicht möglich.

Nun möchte ich das Ego aus meiner persönlichen Sicht betrachten.
Ich finde das Ego sinnvoll, nicht nur, um in dieser Welt zu überleben, sondern weil es mir ermöglicht, Vergnügen und Spaß zu empfinden, wie Gott es ja auch tut. Gott hat ein Ego! Am besten mindestens drei Ausrufezeichen!

Also: Weil wir Aspekte Gottes sind, nicht nur wir Menschen, sondern alles, was existiert, sollten wir unsere Egos nicht überwinden, sondern hegen und pflegen, gut ernähren, damit wir uns in Gottes Nähe sonnen und alles genießen können, womit wir in Berührung kommen.

Denn Gott genießt durch uns, dadurch, dass wir genießen.

Diesen Gedanken weiter zu denken, ist für mich ein schwerer Schritt. Denn er bedeutet, dass all die Familienmenschen, Häuslebauer, Kokainschnupfer, Arbeitslosen ohne Perspektiven, Reichen, Armen für Gott genauso wertvoll sind wie ich. Alles trägt zum Vergnügen Gottes bei. Tatsächlich, Gott liebt nicht nur die Armen, sondern auch die Reichen, selbst wenn sie sich den Reichtum nicht selbst erarbeitet haben.

Das ist schwerer Tobak. Aber wenn ich mich besinne, kann es ja gar nicht anders sein. Es kommt ja alles aus Gott. Gott liebt die Verschiedenheit.

Hat Gott ein soziales Gewissen? Möchte Gott, dass etwas für die Armen, Unterprivilegierten getan wird? Sicherlich ist er damit einverstanden, aber er hat auch nichts dagegen, wenn wir nichts dagegen tun.

Das liegt mir ein bisschen schwer im Magen.
Aber all diese irdischen Zustände sind vergänglich. Der Tod führt dazu, dass sich auch diese Zustände verändern.
Ob jemand reich oder arm war, hat nach dem Tod keine Bedeutung mehr. Alles verändert sich.
Und damit verändern sich auch die Egos. So wie es angebracht ist.
Es ist unsinnig, jetzt krampfhaft mein Ego verändern oder gar überwinden zu wollen.

Das Ego, Farben und Maschen

Ich behaupte, jede Person hat/ist ein Ego, letztlich weil sogar Gott ein Ego hat/ist und wir seine „Ableger“, von ihm abgeleitet sind.

Ein Mensch, der das Ego für etwas Künstliches, ein Hindernis hält, behauptet, sein Ego überwunden zu haben.
Er fühle normalerweise nicht einmal mehr, dass er einen Körper hat, sagt er.
Er fragt mich: „Was ist das Ego?“
Ich sage: „Das Ego ist das Ich.“
„Was ist das Ich?“, fragt er.
Ich spüre leichten Ärger in mir aufsteigen. Weil das Ego nicht-materiell ist, antworte ich mit einer entsprechenden Gegenfrage:
„Was ist Rot?“
„Rot ist eine Farbe.“
„Was für eine Farbe?“
„Du weißt, dass man Farben einem Blinden nicht beschreiben kann.“
„Aber ich kann Farben sehen, auch Rot. Beschreibe mir Rot. Du könntest sagen, es ist die Komplementärfarbe von Grün, aber dann erkläre mir Rot und Grün.“
„Das Ego, als ein künstliches Produkt des Verstandes, ist doch etwas ganz anderes als eine Farbe“, kontert er.
Gereizt antworte ich:
„Die Egos sind Maschen im Gewebe des Seins. Rot ist die Farbe, die ich sehe, wenn ich deine Fragen höre.“
Ich hätte vielleicht sagen sollen, dass ihm Blumen, Bäume und Tiere besser erklären könnten, was das Ego ist, wenn sie unsere Sprache sprechen würden.

Diesen Dialog habe ich konstruiert. Aber der Anfang stimmt. Ich war nur nicht schlagfertig genug.

*   *   *

Tatsächlich sind die verschiedenen Farben, wenn wir sie in der Realität

sehen, von unserem Gehirn konstruiert in Entsprechung zu den Längen der Lichtwellen, die die betrachteten Objekte zurückwerfen.
Bekanntlich hat ja das Licht die Eigenschaft, als Welle zu erscheinen. Diese Wellen können verschiedene Frequenzen haben, von ganz kurz (ultraviolett) bis ganz lang (infrarot). Unser Sehvermögen nimmt nur ein Spektrum in der Mitte wahr. Andere Lebewesen können mehr Frequenzen sehen als wir.

*   *   *

Ich habe gesagt: Die Egos sind Maschen im Gewebe des Seins.
Das ist eine passende Antwort auf die Frage: Was ist das Ego, das Ich.
Denn das Wort „Masche“ bedeutet nicht mehr und nicht weniger, als dass sich etwas verdichtet, verbindet und verknüpft auf einer Stelle innerhalb der Unendlichkeit.
Auch über das Sein als „Gewebe“ sollte man nachdenken.
Es weist wieder auf einen Programmierer hin.
Auch wenn ich den Gedanken eines Programmierers nicht mag: Er ist immerhin ein Weber, also ein Arbeiter.

Das Ego und das Missverständnis der Esoteriker

Esoteriker streben die Überwindung des Egos an, weil nur dann Gott ungehindert einfließen könne.
Sie glauben, das Ego wäre von Gedanken und Verstand erzeugt, von unserem wahren Ich getrennt und würde sich gegen seine Auflösung sträuben.
Also gewissermaßen ein Gegenspieler von Gott.
Es gibt aber nichts, was sich Gott entziehen könnte, sei es real oder eingebildet.

Was ist das Ego wirklich?
Wissenschaftler sehen es als eine vom Gehirn erzeugte „Struktur“, die unseren Körper mit all seinen Gefühlserlebnissen, Wünschen, Denken und alles was mit dem Körper verbunden ist, zusammen hält und steuert.

Ich möchte es als eine übergeordnete und gleichzeitig innewohnende Instanz bezeichnen, die das Wesen bestehend aus Körper, Geist, Seele steuert.

Wenn der Mensch sich weiter entwickelt, verfeinert, ändert sich sein Ego.
Es bläht sich nicht auf, es plustert sich nicht auf.
Im Gegenteil: Indem es sich erweitert, wird es umfassender, verständnisvoller, ja: selbstloser.
Es wird durchlässig, empfangsbereiter.

Je weiter es wird, desto mehr wird es sich Gottes bewusst, von Gott erfüllt.
Ich sage: Entwickelte Egos sind „Gottes Stellvertreter auf Erden“.
Es gibt viele. Sie sind unbekannt.
Sie machen kein Aufhebens davon. Sie reden nicht darüber.
Viele sind Frauen.
Es ist für sie selbstverständlich.
So ist Gottes Geist!

Esoteriker siedeln Gottes Platz in uns im Herzen an. Wenn Gottes Sitz aber im Ego ist, wäre der Versuch, das Ego zu überwinden, gleichbedeutend mit dem Versuch, Gott los zu werden.
Es sind klinische Fälle bekannt, in denen ein Verlust des Ichs stattgefunden hat. Diese Menschen sind in einem bejammernswerten Zustand.

Man kann sein Ego verändern, es durch Erfahrungen, Denkprozesse und Taten weiter entwickeln. Darauf kommt es an. Gott will nicht, dass wir unser Ego aufgeben, ganz im Gegenteil.

Das Ego – Haben oder Sein?

Esoteriker glauben, das Ego wäre etwas, das man hat oder das einen im Griff hat, etwas Unangebrachtes, das Gottes Einfluss feindlich gegenübersteht.

Ich habe kein Ego. Sehen Sie den Widerspruch, der in dem Satz „Ich habe ein Ego“ steckt?
„Ego“ ist das lateinische Wort für „Ich“.
Der Satz bedeutet also: „Ich habe ein Ich“, als würde es zwei Ichs geben, eines das ich bin, und eines, das ich besitze.
Das einzig existierende Ego bin ich selbst. Ich habe also kein Ego, sondern ich bin ein Ego.
Alles, was mich, diese Person ausmacht, ist nicht mein, sondern ein Ego.
Ich bin eine Masche im Gewebe des Seins. Könnte ich dieses Ich überwinden, würde ich das Gewebe beschädigen. Ich hätte mich aber selbst überwunden. Etwas nicht mehr Existierendes hätte das Gewebe verletzt. Das ist Unsinn.
Warum verstehen Esoteriker das nicht?
Weil ihnen der Gedanke gefällt, mit dem Ego spielen zu können?
Das Ego ist die Manifestation einiger Facetten Gottes.
Ich vermute, dass Menschen, die das Ego überwinden wollen, einer Begriffsverwirrung unterliegen. Sie wollen ihre Äußerlichkeiten loswerden, das, was sie an die Welt bindet. Das kann lobens- oder tadelnswert sein, aber es hat mit dem Ego an sich nichts zu tun, sondern mit Eigenschaften des Egos.

Seine Eigenschaften kann und soll man verbessern.

„Mein" Ich

Das Ich, das die Person dieses Schreibers ausmacht, ist labil.
Es hat Angst, an einem Abgrund zu stehen, der tief hinabragt, weil es durch den Wind hinuntergeweht werden könnte.
Es hat Angst. Warum?
Eigentlich ist es seiner Unwichtigkeit bewusst.
Aber es fühlt, dass der Boden, auf dem es steht, nicht so fest ist, wie er normalerweise empfunden wird.
Alles wandelt sich, ist unsicher.
Das scheinbar Feste zerbröselt.
Und dann falle ich wieder in die Arme Gottes.
Mag doch alles auseinander fallen,
mag ich auch in den Abgrund stürzen.
Gott ist da.
Die Angst ist vergessen.
Der Boden ist fest.
Das Ich ist stabil.

Das Ich ist ein nicht-systematisches System

Unser Gehirn mit seinen Milliarden Nervenzellen (Neuronen) und Billionen Verschaltungen dieser Zellen (Synapsen) bildet das Ich (lateinisch: Ego).
Viele Verbindungen in unserem Gehirn sind nicht logisch, sondern scheinbar chaotisch.
Das ermöglicht Intuition und Gefühle.
Einfühlungsvermögen in andere.
Die Ahnung, dass es Gott gibt.
Verbindungen im Gehirn entstehen nur, wenn es sinnvoll ist und gebraucht wird.

Die entscheidende Frage:
Was kam zuerst?
Erzeugt unser Gehirn die Idee, dass Gott existiert?
Oder funktioniert unser Gehirn so, weil Gott es in diese Fähigkeit gesetzt hat?
Wenn Sie die ersten Kapitel dieses Buches gelesen haben, wissen Sie, dass sehr wahrscheinlich Geist vor der Materie da war.
Also haben Sie die Antwort.
Unser Gehirn ist so komplex, weil Gott es will.
Gott ist noch viel komplexer.
Und er will, dass wir näher kommen.
Evolution, Weiterentwicklung.

Mimikry / Urteilsfreiheit

Mimikry ist die Kunst der Täuschung durch Tarnung.
Sie ist eine Kunst, die alle Menschen, sogar alle Lebewesen beherrschen.

Natürlich graduell unterschiedlich.
Am „offensichtlichsten" tritt sie bei Tieren zutage, die ihre Gestalt und Farben ihren Fressfeinden oder der Umgebung anpassen.
Zweck ist zu überleben oder Beute in Sicherheit zu wiegen.

Da kommen einem sofort unsere Politiker in den Sinn.
Aber auch der Weise wendet sie an, weil er sonst wegen seiner Außergewöhnlichkeit in Schwierigkeiten geraten könnte.

Andere Menschen benutzen sie auch. In der Öffentlichkeit zeigen sie ein anderes als ihr wahres Gesicht, ob sie nun Lippenstift tragen oder nur eine vertrauenerweckende Miene aufsetzen.

Auch auf Pflanzen trifft es zu, nicht nur die fleischfressenden.
Der süße Nektar der Blumen dient Insekten als Nahrung, aber vor allem der Verbreitung der Blütenpollen und damit zur Fortpflanzung.

Mimikry ist noch mehr.
Sie macht das Ich größer, umfassender.
Ich bin immer noch ich, aber ich füge meinem Ich hinzu, was ich auch sein könnte und will.
Mimikry erweitert das Ego und die Seele.

Leute, die etwas Auffälliges tun, wie etwa John Lennon umbringen, um ihr Ego aufzublähen, stehen auf einem anderen Blatt.
Sie sind nichtswürdig.
Man sollte nicht über sie schreiben. Ich habe auch nicht die geringste Lust dazu.

Wie kann ich sagen, sie sind nichtswürdig? Sie kommen doch auch von Gott!

Antwort: Sie sind nichtswürdig in ihrem gegenwärtigen Zustand, der sich verändern kann und wird.
Ich, der ich einige Facetten Gottes repräsentiere, muss nicht alle anderen Facetten Gottes gut finden (mich selbst natürlich auch nicht), bloß weil sie auch Gott repräsentieren.
Wir haben alle das Recht auf Zustimmung und Ablehnung, das macht unsere Freiheit aus.
Würden wir allem zustimmen, könnten wir keine Entscheidungen treffen und uns nicht entwickeln.

Das Aufblähen des Egos

Viele Sportler verwenden Dopingmittel zur Steigerung ihrer Leistung, obwohl sie wissen, dass es ihnen körperlich schadet.
Offenbar ist es für solche Menschen nicht so wichtig, aus eigener Kraft besser als andere zu werden; es ist zu anstrengend oder sie trauen es sich nicht zu.
Wichtig ist es aber, Erster zu werden, egal ob man das durch ehrliche Mittel erreicht oder nicht.

Man tut das, um ein Höchstmaß an Bewunderung, Liebe und Aufmerksamkeit zu erhalten.

Die Gier nach Aufmerksamkeit ist allen aufgeblähten Egos gemeinsam.
Ich mache ihnen das nicht zum Vorwurf.
Sie wissen um ihre Unvollkommenheit und sehnen sich danach, den Vollkommeneren gleich zu sein.
Arme Würstchen.
Würden sie ihre Unvollkommenheit einfach akzeptieren, wären sie der Vollkommenheit schon viel näher.

Depression

Das Aufblähen des Egos ist ein Gegenteil von der Erweiterung des Egos.
Ein anderes Gegenteil ist das Schrumpfen des Egos.

Man sollte das Ego nicht ablehnen, hassen, verwerfen, so unvollkommen es auch sein mag. Es ist trotzdem nützlich.
Wenn auch vielleicht nur, um verändert zu werden, aber es dient als Grundlage.

Man sollte nicht in Depression versinken, sondern einfach leben.
Wenn alles so schrecklich erscheint, ist es doch egal, wenn man glaubt, dass es sowieso nicht besser werden kann.
Man soll es geschehen lassen. Es ist nicht nötig, sich einen Strick um den Hals zu legen.
Das hieße ja, dass der Tod etwas nützen würde.
Wozu solche Aktivität für den Tod entfalten, wenn man für das Leben überhaupt nichts tut?

Überwindung der Angst

Esoteriker versuchen, ihr Selbst zu erkennen und Gott nahe zu kommen.
Dazu ist es notwendig, innere Vorurteile, Vorstellungen abzulegen, sich ganz frei zu machen.
Das geht aber nur, wenn man zuerst die zugrunde liegende Angst ablegt: die Angst, was wird aus mir?
Wenn du Angst vor Hürden hast, kannst du kein Hürdenläufer werden.

Seltsamerweise wird diese Grundvoraussetzung von esoterischen Schulen oft nicht berücksichtigt, obwohl sie elementar ist. Sie wird quasi vorausgesetzt, als hätte der Schüler, dadurch dass er sich interessiert, die Hürde schon überwunden.
Dabei ist dieser erste Schritt, die Überwindung der Angst, zunächst einmal ungeheuer schwer, und wenn man ihn geschafft hat, ein so großer Schritt auf dem spirituellen Weg, dass man eine spirituelle Schulung nicht mehr braucht.
Man hat dann eine direkte Verbindung zu Gott. Was kann es für einen besseren Lehrmeister geben? Man hört einfach nur in sich hinein. Wenn keine Angst mehr da ist, weiß man, was zu tun und zu lassen ist.

Einschub: Es gilt auch das Umgekehrte. Jemand ist so verzweifelt, dass ihm alles egal ist. Er sucht vielleicht den Selbstmord. Angst hat er auch nicht mehr. Aber er hat keine positive Grundstimmung. Er will sich zerstören, nicht weiter entwickeln. Er hat keine Verbindung zu Gott. Ende des Einschubs.

Derjenige, der die Angst überwunden hat und sich nicht mehr um eventuelle Folgen für sich selbst schert, sondern sich auf Gott einstimmt, ist kein Schüler mehr. Er ist schon ein Weiser. Und er kann die Weisheit ausbauen.
Wer so weit gekommen ist, die Angst zu überwinden, ist quasi über den Berg, er nimmt die Möglichkeiten wahr.
Im Nachhinein erscheint der erste Schritt, Überwindung der Angst, gar nicht so schwer. Es war einfach nur ein Schritt im Bewusstsein. Die Mög-

lichkeiten, die man nun hat, hätte man vorher gar nicht erahnen können.
Das Weitergehen fällt jetzt leicht.
Ein paar praktische Ratschläge, um dahin zu kommen:

- Stimme dich ein auf alles, was existiert. Es ist von Gott. Dann stimme dich auf Gott ein.

- Akzeptiere deine Unwichtigkeit. Stelle alles in Frage, was dir als wichtig eingeimpft worden ist. Lehne es nicht ab, sondern stelle es in Frage.

- Akzeptiere die Unwichtigkeit all dessen, was du geglaubt hast. Schaue auf den Ursprung und die Verbindungen von allem, was existiert. Genieße es, genieße die wunderbare Natur!

- Jetzt kannst du die Angst um dein Ich überwinden, indem du einen Schritt neben dich machst. Wenn du sicher bist, dass dein Ich nicht der Mühe wert ist, sich darum zu sorgen, ist das leicht.

Wenn es dir nicht gelingt, ist das auch in Ordnung.

Diese vier Punkte erscheinen sehr abstrakt.
Der einzig wahre Lehrmeister ist das Leben.
Schauen Sie genau an, was passiert.
Machen Sie sich Gedanken über die Gelegenheiten, die Sie nicht wahr genommen haben. Nicht erst nach Jahren, das bringt nichts, sondern gleich.
Ärgern Sie sich nicht über Versäumtes, sondern nehmen Sie es als Lehre für den nächsten Tag.

Was soll die Opferei?

„Danke, Schatz, für die schöne Brosche.“
„Freut mich, dass sie dir gefällt.“
„Aber eigentlich weißt du, dass ich keinen Schmuck trage.“
„Ja, aber sie ist doch so schön und auch wertvoll.“
„Na ja, Geld habe ich auch genug, wie du weißt.“
„Was soll ich dir dann schenken?“

Insbesondere in Naturvölkern gehört es zur Kultur, dass die Menschen etwas ihnen Wertvolles opfern, um von den Göttern Wohlwollen zu erhalten.
Naturgemäß können Gott oder die Götter mit diesen Geschenken nichts anfangen. Gott hatte sie ja selbst vorher den Menschen gegeben, damit sie etwas Nützliches damit tun.

Wie soll Gott sich fühlen, wenn ihm sein eigenes Geschenk zurückgeschenkt wird? Ist es nicht eine Missachtung des Geschenkes?
Wenn man Gott etwas schenken will, sollte es nichts Materielles sein, sondern Gedanken und noch besser Taten.

Religiöse Terroristen beherzigen dies, wenn sie bereit sind, selbst in den Tod zu gehen und sich so selbst zum „Geschenk“ machen, wenn sie andere Menschen töten.
Aber was ist das für ein Geschenk, etwas zu vernichten, das Gott geschaffen hat? Es ist rein destruktiv und bringt nichts Positives hervor. Es ist eine Missachtung Gottes.
Typisch, dass diese Verblendeten erwarten, dafür auch noch im Jenseits belohnt zu werden.

Sie sagen, die, die sie töten, wären vom Teufel geleitet gewesen. Wäre also der Teufel so mächtig wie Gott? Es gibt keinen Teufel. Der Teufel ist ein Dämon, den sich so genannte Gotteskrieger selbst erzeugt haben und der nur sie verfolgt.

Damit ist klar, dass meine Sympathie für den Islam Grenzen hat. Der

Islam wie auch Judentum und Christentum beinhalten Teufel und Hölle.
So haben sie sich von Gott entfernt, indem sie Gott eine Gegenmacht entgegen gestellt haben, die nicht existieren kann.
Es kann nur existieren, was aus Gott kommt.
Ideen von einem gefallenen Engel, der sich gegen Gott wendet (Satan), sind interessant.
Aber Gott beinhaltet alles, auch den Widerspruch zu Gott.
Er liebt das Farbenspektrum.
Ein gleichberechtigter Widersacher kann nicht sein.

Warum tun Attentäter so schreckliche Dinge?

Sie haben immer eine Begründung.
Eine Begründung, die sie nur vorschieben.
Sie wollen Gewalt ausüben.
Ihre Begründung ist nur eine Verbrämung, „Erklärung“, „Entschuldigung“.

Religiöse Terroristen übernehmen die Idee des „heiligen Krieges“, weil sie ihnen passt, natürlich ist ein Krieg, heilig oder unheilig, vollkommen unangebracht.

Die Ursache liegt in ihrer verstörten Seele.
Ihre Seele hat keine Festigkeit oder zu wenig davon.
Sie machen sich vor, dass sie die Situation eines Volkes verbessern wollen.
In Wirklichkeit kommen sie mit ihrer inneren Zerstrittenheit nicht klar und übertragen sie nach außen.

Warum lässt Gott das alles zu?

Warum gibt es Terror und Krieg? Warum werden Tiere gequält und Regenwälder abgeholzt?
Warum lässt Gott das zu?
Menschen, die die Natur vernichten, um persönlichen materiellen Gewinn zu erzielen, und das sogar nur für ein paar Jahre, denn dann sterben sie.

Es ist nur schwer zu verstehen, aber ich habe es schon gesagt:
Durch die Aufteilung bzw. Öffnung des All-Einen in die Verschiedenheit müssen Gegensätze entstehen.
Das Positive, Gute kann nur sein, wenn es auch das Negative, Schlechte gibt.
Hier klammere ich Naturkatastrophen aus, sie sind weder gut noch schlecht. Auf längere Sicht können sie der Natur Entwicklungsmöglichkeiten liefern.
Aber alles, was Menschen tun, reicht vom tiefsten Abgrund bis zu den lichtesten Höhen. Die lichtesten Höhen gäbe es nicht ohne die tiefsten Abgründe.
So muss es nun mal sein.

Glücklich ist, wer sich in den lichtesten Höhen bewegt und sich des Abgrundes nicht bewusst sein muss, in dem sich andere bewegen.
Aber trennen davon kann er sich nicht, auch wenn er es jetzt noch nicht merkt.
Alles ist mit allem verbunden.
Nur so ergibt sich weißes Licht.

Glücklicherweise, natürlich, kann aus den schlimmsten Untaten etwas Gutes entstehen, das ist ja der Witz der Sache, der Schöpfung. Dafür können die Urheber der Missetaten natürlich nichts. Ihr Einfluss reicht nur wenige Jahre. Hitler und Stalin konnten nicht verhindern, dass es weiter geht.

Allahu akbar, Gott ist groß, sagen die Muslime. Auf den ersten Blick ist

diese Aussage banal, denn wenn Gott existiert, ist er auf jeden Fall groß, zumindest im geistigen Sinne. Gemeint ist aber nicht nur, dass Gott groß ist, sondern größer als alles andere. Dem schließe ich mich an und gehe noch weiter, indem ich den Mystikern des Islam, den Sufis zustimme: Gott ist Alles, alles ist Gott.
Aber wenn man diese Aussage einfach so stehen lässt, greift sie zu kurz und lässt falsche Interpretationen zu.

Man könnte ja daraus schließen, egal was man macht, wie man sich gegenüber seiner Umwelt verhält, wäre es in Ordnung, weil es Aspekte Gottes darstellt.
Wenn alles Gott ist, wäre auch der größte Unsinn, Negatives, alles was passiert, göttlich.
Aber alles ist mit Sinn behaftet (drei Ausrufezeichen!!!), hat einen Zweck!
Der Zweck ist Entfaltung, Entwicklung. Böses und Schlechtes können Gutes voran treiben.
Die Dummen und Ignoranten können die Verständigen zu mehr Anstrengung zwingen.
Gott will Differenzierungen, Unterschiede und vor allem Weiterentwicklung.

Wieso soll alles einen Sinn, einen Zweck haben, wenn es doch eigentlich darum geht, Vielfalt, Schönheit, Freude und den Genuss, den diese vermitteln, zu erfahren?
Weil Gott nicht nur ein Hedonist, Genießer ist. Das Wichtigste ist die Entwicklung des Geistes. Und doch: Je höher der Geist sich entwickelt, desto mehr Genuss bereitet es.

Materie ist Schmuck am Körper des Geistes.

Warum rebelliere ich nicht gegen Gott?

Ich bin nämlich eigentlich ein rebellischer Geist.
Aber die Frage ist sinnlos.
Rebelliert die Träne gegen das Auge?
Rebelliert das Blut gegen das Herz?
Rebelliert der Rauch gegen das Feuer?

Aber ich finde es toll, dass unser Gehirn die Fähigkeit hat, auch das Unsinnige zu denken.
Manche Menschen tun dies konsequent, vor allem junge, und bringen sich um.
Sie sind nicht dankbar für das, was Gott durch sie ausdrücken will.
Sie klinken sich aus.

In Ordnung. Wenn sie nicht andere, die noch nicht sterben wollen, mit sich reißen.
Manche tun es doch, mit voller Absicht.
Das ist die größtmögliche Rebellion gegen Gott.
Religiöse Terroristen.
Natürlich auch ideologische Terroristen. Religion und Ideologie sind dasselbe: Ideologie.

Dann gibt es noch die „Kranken“, die einfach einen letzten „Spaß“ erleben wollen, indem sie töten.
In diesem Zustand sind sie die niedrigsten Geschöpfe mit Denkfähigkeit, die existieren.
Es muss sie geben, damit das Gegenteil auch existieren kann.

Was ist ein Mensch wert?

Es gibt so viele Menschen.
Da fällt es schwer, einzelne Persönlichkeiten wahrzunehmen, geschweige denn wichtig zu nehmen.

Sie rennen hierhin und dorthin, kaufen ein, lieben sich, essen, schlafen, gehen ihrer Arbeit nach, finden keine Zeit, über sich hinaus zu sehen, wollen das auch gar nicht.
Viel Zeit verbringen sie vor dem Computer oder Fernsehapparat. Das ist eine Chance. Aber nicht, wenn sie sich nur Aktienkurse, Pornoseiten, Soap-Operas, Gewaltvideos, banale Unterhaltungssendungen ansehen.
Wenn sie älter werden, wundern sie sich, dass sie so leer sind. Aber dann haben sie ja Krankheiten, mit denen sie sich beschäftigen können. Sie drehen sich immer nur um sich selbst und Ablenkung von sich selbst.
Wenn sie der Tod berührt, der eines anderen Menschen oder Haustieres, halten sie kurz inne, denken an ihren eigenen möglichen Tod, gibt es etwas danach?
Wieder denken sie nur an sich, nicht darüber hinaus.
Aber solche Momente sind sowieso kurz, weil sie beunruhigen.

Da gehen sie ihrer Wege, scheinbar zielbewusst, doch ohne Ziel. Der Weg ist das Ziel. Hauptsache ich funktioniere, tue was ich muss, was von mir erwartet wird.
So furchtbar viele Menschen.
Ihre Gesichter unterscheiden sich, ihre Leben kaum.

Weil sie so unwichtig sind, erzeugen sie Gesetze, die ihre Wichtigkeit bekunden.
„Ein Menschenleben ist unantastbar." „Das Menschenleben ist das höchste Gut."
Na ja, im Krieg gilt das nicht, schließlich hat jede Regel ihre Ausnahme. Aber sonst schon. Wozu wären Polizei und Ärzte sonst da?
Ist das Leben eines Menschen wirklich das höchste Gut? Es würde bedeuten, dass die ganze übrige Natur nicht so wichtig wäre.
Das ist eine ungeheuerliche Anmaßung.

Durch was wird diese Anmaßung gerechtfertigt? Was leisten diese Menschen, das sie über die Natur erhebt?
Es gibt zwar Milliarden Menschen, die nur so vor sich hin leben, ohne etwas über sie Hinausweisendes zu leisten. Es gibt aber auch andere, die die Menschheit voranbringen. Nicht viele, aber nicht die Masse macht es, sondern die Qualität.

Der entscheidende Punkt aber ist, dass jeder Mensch die Fähigkeit hat, über sich hinaus zu wachsen, und da jeder Mensch anders ist, obwohl es so viele sind, gibt es ebenso viele Möglichkeiten, ja noch mehr, weil jeder Mensch mehrere Möglichkeiten hat.
Das ist das große Geschenk, das jeder Mensch erhalten hat, obwohl es so viele Menschen sind.
Jeder ist dafür verantwortlich, ob er etwas aus diesem Geschenk macht. Die meisten vertrauen sich lieber dem Strom an, in dem sie sich bewegen, als dieses Geschenk auch nur anzugucken.

Der Mensch braucht eine Aufgabe

Für die meisten Menschen ist ihre Aufgabe offensichtlich.
Da sie nicht genug zu essen haben, müssen sie darum kämpfen, den Tag zu überleben.

Die zweitgrößte Menschengruppe hat gerade genug, um zu leben, aber keine Sicherheit über den Tag hinaus. Da gilt es, Kinder zu bekommen und groß zu ziehen, um im Alter unterstützt zu werden.

Nun kommen wir zu den Menschen in den Wohlstandsgesellschaften. Da ist die Gruppe der Arbeitslosen. Sie leben von Unterstützung. Einige bemühen sich, Arbeit zu finden. Sie versuchen es immer wieder. Manchmal haben sie Erfolg. Wenn sie Arbeit bekommen, dann oft nur eine, die nicht ihren Fähigkeiten entspricht. Das enttäuscht sie, gibt ihnen aber Perspektiven.

Andere Arbeitslose weigern sich, Arbeit anzunehmen, weil sie unter ihrem „Niveau" ist, oder sie sind zu faul. Mit der staatlichen oder sonstigen Unterstützung lavieren sie sich irgendwie durch. Das große Problem dieser Menschen ist, dass sie ihr Selbstwertgefühl verlieren. Sie tun nichts, was irgendeiner Beachtung würdig wäre. Das wissen sie, aber sie kämpfen nicht dagegen an. Sie dämpfen ihr Bewusstsein mit Alkohol und anderen Drogen, auch mit Gewalt gegen andere, denen es besser geht, weil sie fleißiger, intelligenter sind. Aber nur wenn sie Randgruppen angehören, denn die können sich nicht so leicht wehren.

Es gibt aber mehr Menschen, die Arbeit haben. Otto Normalverbraucher. Er lebt, um seine Arbeit nicht zu verlieren und später Rente zu bekommen. Das ist auch nicht leicht.

Dann gibt es die Etablierten. Sie haben keine Zukunftssorgen. Jetzt geht es um die Stellung in der Gesellschaft. Familie, Auto, Haus, Garten. Was die anderen von einem denken. Man bemüht sich, von anderen anerkannt, vielleicht sogar beneidet zu werden, weil man etwas mehr hat als sie. Auch eine Aufgabe. Man kann damit sein ganzes Leben verbringen, denn es ist nicht leicht, diesen Status zu erhalten oder gar auszubauen.

Dann sind da die Hochprivilegierten: Könige, Popstars, Filmstars, Ölscheichs. Sie sind oft todunglücklich, weil sie alles haben und um nichts mehr kämpfen müssen. Allerdings haben sie kaum ein Privatleben, um darüber nachzudenken, weil sie ständig Termine wahrnehmen müssen.

Schließlich gibt es noch die Künstler und andere Außenseiter, die am Rande der Gesellschaft leben. Sie haben noch am ehesten Voraussetzungen, um über sich selbst hinaus zu sehen.

Wenn man keine Aufgabe hat, sollte man eine erfinden. Ich sehe meine Aufgabe in der Erkundung der Wahrheit. Was allem zugrunde liegt. Wohin es geht. Was wirklich wichtig ist.

Wer keine Aufgabe hat, ist verloren, und das weiß er.

Warum brauchen wir eine Aufgabe?

Die erste Antwort, die uns einfällt: weil uns sonst langweilig wäre.

Die zweite Antwort: weil wir sonst nicht mehr fühlen, dass wir etwas wert sind.

Die dritte Antwort: weil wir so angelegt, konstruiert sind. Unser Gehirn befähigt und fordert uns, weiter und über uns hinaus zu gehen.
Das Ziel ist das Höchstmögliche, was immer das auch ist. Es gibt kein Ende. Hast du das Ziel erreicht, gibt es ein noch größeres. So soll und muss es sein. Das ist ein Sinn des Lebens.

Gibt es noch einen anderen Sinn des Lebens?

Tausende. Der erste ist, einfach nur zu überleben. Unterschätzen Sie das nicht. Die meisten müssen darum kämpfen. Sie kennen dieses Buch nicht und brauchen es auch nicht. Was sie brauchen, erfahren sie aus dem Buch des Wissens. Wer Hunger hat, hat Zugang zu dem Wissen, das er braucht, um Nahrung zu bekommen. Wer satt ist, dem sind die Türen zwar nicht verschlossen, aber er ist zu bequem, sie zu öffnen. Oder er ist so voller Selbstmitleid, dass er die Türen nicht einmal sieht.

Wer Hunger hat, kennt kein Selbstmitleid. Er kämpft.

Sollen wir kämpfen?

Esoteriker sagen uns, wir sollen nicht kämpfen, sondern loslassen, geschehen lassen.

Buddhistische Mönche gehen mit ihren Bettelschalen herum. Tut man etwas hinein, ist es gut, wenn nicht, ist es auch gut. Aber: Wenn niemand etwas in ihre Schalen getan hat, kehren sie in ihr Kloster zurück und bekommen doch etwas zu essen! Das ist nicht der Normalzustand im Leben eines Menschen. Diese Mönche tun in der Regel nichts Sinnvolles außer Gebete zu sprechen.
Das ist für sie eine Aufgabe. Sie ist einfach, verlangt einem nichts ab.

Wir sollten aber Kämpfer sein. Nur dann ist es fruchtbar, loszulassen, alles zuzulassen, alles einfließen zu lassen. Nur wenn wir kämpfen, können wir innehalten und Gott in uns wirken lassen.
Wer nicht kämpft, ist bequem, träge. Wie soll Gott in ihm wirken?

Ich habe hier das Bild eines Hirten vor Augen. Habe ich das irgendwo gelesen? Er geht mit seinen Tieren auf die Weide, genießt die Natur, lässt alles los, lässt alles in sich einfließen.

Was aber, wenn er keine Hunde hat, die die Herde bewachen?
Wenn niemand die Hunde füttert?
Woher kommt das Fleisch für die Hunde?
Er kann natürlich auf Hunde verzichten. Dann ist er selbst der Hund.

Tun oder nichts tun?

Kann sich durch Nichtstun etwas verändern?
Krankheit: Der Körper kann sich selbst helfen, oft aber auch nicht.
Politik: Die gegeneinander und zusammen wirkenden gesellschaftlichen Kräfte führen zu neuen Situationen, besseren oder schlechteren.
Selbstfindung: Nichts tun kann mehr Ruhe und Einsicht bewirken, aber auch Phlegma, Bequemlichkeit, Stillstand, was vielleicht zu Depressionen führt.

Etwas unbedacht tun bewirkt wahrscheinlich etwas Unerwünschtes.
Entweder man hat eine Ahnung, was zu tun ist, oder man fragt jemanden um Rat, dem man vertraut, oder man sollte es lassen.

Beim Tun gibt es immer sehr viele falsche und wenige richtige Optionen.
Beim Nichtstun gibt es keine Optionen, aber mehr Entwicklungsmöglichkeiten, die zu etwas Unerwünschtem führen, als zu etwas Erwünschtem.

Lösung: nach Wissen streben.

Das Denken anhalten?

Viele Menschen leiden darunter, dass ständig Gedanken in ihrem Kopf kreisen, und Gedanken hinter den Gedanken, völlig sinnlos, nicht durch den Willen zu beeinflussen.
Frauen leiden oft stärker darunter als Männer, weil sie aufmerksamer und sensibler sind.
Es ist wie bei Tinnitus, dieser Krankheit, bei der man ständig Geräusche im Kopf hat, die nicht aus der Realität kommen.
Sie sehnen sich nach Ruhe, dass das Gewimmel und Gebimmel im Kopf aufhört.

Durch Meditation, ein sich Versenken in stiller Umgebung, soll das Rotieren der Gedanken gestoppt werden.
Das empfehlen uns die Esoteriker und versprechen sogar, dass dann feinere, höhere, göttliche Einflüsse in uns wirksam werden können.
Dem zweiten Satz stimme ich zu, dem ersten nicht.
Ja, wenn unser Geist frei wird, kann Gott in uns wirken, zum Beispiel durch das Buch des Wissens.
Meditation, sich Versenken ist also durchaus nützlich, aber unzureichend, das Wirbeln der Gedanken zu beenden, weil der Grund dafür nicht beseitigt wird.

Der Grund sind unsere Sorgen.
Solange unsere Sorgen uns beherrschen, erreichen wir nichts. Wir können die Sorgen nicht abschalten, nicht mit unserem Willen. Einfach versuchen, das Denken abzuschalten, funktioniert nicht.
Erfolgreich können wir nur sein, wenn wir wirklich die Sorgen über Bord geworfen haben.

Das erreichen wir, wenn wir uns und unsere Umgebung nicht mehr so wichtig nehmen.
Dann verändern sich unsere Gedanken. Das ungesteuerte Gedankenrauschen ist vorbei.
Die Gedanken stören nicht mehr, sondern passen zur Situation, in der wir uns befinden.

Jetzt wäre es unsinnig, die Gedanken anhalten zu wollen. Sind sie doch etwas ganz Besonderes, das uns die Evolution geschenkt hat. Wollen wir auf diese Gabe verzichten? Wozu? Die Gedanken befähigen uns, Gott auf eine Weise zu erkennen, zu verstehen, in uns einfließen zu lassen, die anderen Geschöpfen nicht möglich ist.

Dadurch, dass Ruhe in unsere Gedanken eingekehrt ist und sie uns nicht mehr stören, kann Gott nun auch zusätzlich, unabhängig von den Gedanken, so wie es bei anderen Lebewesen ganz normal ist, in uns wirken.

Es ist ein Grundprinzip, das immer gilt:
Versuche nicht, etwas zu vernichten, sondern bringe es in den ihm gebührenden Rahmen, so dass es sich sinnvoll in das Ganze einfügt.

Widerspricht dies meiner Aussage, dass es keine absoluten Wahrheiten gibt?
Dieses immer geltende Grundprinzip ist keine absolute, sondern eine relativierende Aussage.
Tatsächlich ist es unmöglich, etwas total zu vernichten.
Es bleibt im Buch des Wissens, auf das immer zugegriffen werden kann.

VII Persönlichkeit und Seele

Gibt es eine Seele?
Wenn ja, wie hängt sie mit der Persönlichkeit zusammen?

Durch Verletzungen des Gehirns kann sich die Persönlichkeit eines Menschen stark verändern. Kann sie sich grundsätzlich verändern?

Alle möglichen Eigenschaften, die eine Persönlichkeit haben kann, sind in jeder Persönlichkeit enthalten. Also auch alle gegensätzlichen Eigenschaften.
Normalerweise treten bei uns einige dieser Eigenschaften stark zutage, andere schwächer, andere gar nicht.

Wenn man jeder Eigenschaft einen Musikton zuordnen würde, ergäbe unsere Persönlichkeit zu einem Zeitpunkt einen bestimmten Klang, der aus einigen lauten Tönen und aus leiseren Tönen in verschiedenen Tonhöhen besteht.
Ereignisse und Situationen bringen Änderungen des Klanges hervor: Laute Töne werden leiser, leisere und vorher unhörbare Töne treten in den Vordergrund. Diese Klänge bilden zusammen Musik. Diese Musik ist unsere Persönlichkeit.

Wie alle Musikstücke verschieden sind, sind auch alle Persönlichkeiten verschieden, obwohl sie aus denselben Grundmustern bestehen, den „Tönen“.
So wie auch unsere Körper aus den Grundbausteinen der Materie des Universums bestehen.

Kann sich eine Persönlichkeit durch ein Ereignis so verändern, dass sich die Musik irreparabel verändert, also die Klänge, die vor dem Ereignis waren, nie mehr wiederkehren?

In diesem Leben ja.
Aber die gesamte Musik ist im Buch des Wissens gespeichert und verfügbar.
Na ja, nur selten hören wir eine schöne Sinfonie, häufig ist es das Geräusch von Presslufthämmern (haha, seufz).

Im Buch des Wissens bleibt die ursprüngliche Persönlichkeit erhalten, die veränderte Persönlichkeit auch.

Gibt es eine Seele?
Ja, sie ist der von der Materie entwickelte Geist.
Sie ist nicht statisch, sondern entwickelt sich so, wie die Materie sich geistig entwickelt.

Sie ist vielschichtig.
Jeder Mensch hat eine eigene Seele, die aber Bestandteil der Seele der Menschheit insgesamt ist, und diese ist Teil der Seele der Erde, und so weiter bis hin zur Seele des Universums, Gott.

Betrachten wir nun die eher kleine, auf die Persönlichkeit bezogene Seele.
Wenn sich die Persönlichkeit verändert, tut das die Seele entsprechend.
Aber es kann nichts verloren gehen. Die vorherige Persönlichkeit bleibt in der Seele erhalten, wenn auch vielleicht nur in einem kleinen „Kämmerchen".

Was geschieht mit der Seele nach dem Tod?
Man stellt sich das so vor: Ich sterbe, meine Seele löst sich vom Körper, mein Ich ist jetzt nicht mehr im Körper, sondern in der Seele, wo es natürlich vorher auch schon war, ich hatte es nur nicht gemerkt, und die Seele zieht los in ein bisher noch unbekanntes Land und erlebt wunderbare Dinge.
Vermutlich ist es tatsächlich so oder ähnlich.

Denn wenn nach dem Tod des Körpers auch noch so viel Zeit verginge, bis die Seele aktiv wird, ist es für die Seele doch so, als sei überhaupt keine Zeit vergangen.
So wie der Körper während des Tiefschlafs das Verstreichen der Zeit nicht bemerkt.
Aber das ganze Konzept von „Zeit" gibt es nur im materiellen, irdischen Leben.
Jenseits der Materie gibt es keine Zeit. Dort ist alles nicht gleichzeitig, sondern allgegenwärtig.

Nach dem Tod

Unsere gesamte Existenz ist im Buch des Wissens gespeichert, aber geht es nach dem Tod noch weiter?
Nehmen wir einmal an, es ginge nicht weiter.

Es ist ein gehöriger Aufwand betrieben worden, um uns als denkende und sich geistig weiter entwickelnde Wesen hervorzubringen. Dann wäre dieser geistigen Entwicklung durch den Tod ein plötzliches Ende gesetzt. Das wäre eigentlich nicht weiter schlimm, denn unsere Entwicklung mit all ihren Resultaten ist ja im Buch des Wissens gespeichert. Andere können dieses Wissen abrufen und darauf aufbauen.

Das Buch des Wissens ist nicht-materiell. Umfasst das Nicht-Materielle nicht mehr als nur das Buch des Wissens? Warum sollte es sich so beschränken, zumal der menschliche Geist ja schon im materiellen Raum etwas Nicht-Materielles ist.
Ich habe schon einmal gesagt: Gott schmeißt nichts weg.

Gäbe es für den menschlichen Geist, wie auch für alle geistigen Errungenschaften aller Materie, nicht eine direkte Fortsetzung, wäre das eine unverständliche, unpraktische, unökonomische Verschwendung.
Mit „direkter" Fortsetzung meine ich, dass das Geistige, das mit der Materie verbunden ist, nicht auch stirbt, sondern im nicht-materiellen „Raum" verbleibt und sich weiter entwickeln kann.

Anders gesagt: Es gibt ein Weiterleben nach dem Tod.
Wie auch immer das Weiterleben beschaffen sein mag. Wie sieht es wohl aus?
Es gibt keine Beschränkung durch die Materie mehr, damit auch keine räumliche Beschränkung.
Für Eitle: Es gibt natürlich auch keine äußere Form mehr. Es ist egal, ob wir vorher hübsch oder hässlich aussahen.
Eigentlich ist alles möglich. Grundsätzlich können wir alles erreichen, was letztlich die totale Vereinigung mit Gott bedeuten würde.

Doch halt. Wenn wir sterben, ist unser Geist nicht vollständig entwickelt. Wenn wir sterben, gehen wir mit Vorurteilen, Vorstellungen und Vorlieben, die wir gehegt haben, in den Tod.
Wenn unser Geist nicht frei ist, werden diese Vorurteile, Vorstellungen und Vorlieben unser Erleben des Lebens nach dem Tod erst einmal prägen.
Sie werden unseren Zugriff auf das Buch des Wissens einschränken, die Verschmelzung mit Gott behindern, wie sie es auch schon in unserem materiellen Dasein getan haben.

Diese Beschränkungen führen dazu, dass wir unbewusst zu diesen Beschränkungen passende Erlebniswelten erzeugen werden.
Da diese Erlebniswelten aber viel leichter zu verändern sind als vorher im materiellen Raum, es bedarf ja nur des Willens dazu, sind unsere Entwicklungsmöglichkeiten günstiger.
Wir können uns schneller weiter entwickeln als zuvor, aber mit einem großen Problem: Diese Weiterentwicklung kann nur unvollkommen sein.
Eigenschaften wie Güte, Toleranz, Bescheidenheit und Mut können sich so nicht weiter entwickeln. Und dies sind doch Eigenschaften, die einen wirklichen Wert haben.

Also ist es sinnvoll, wieder in den materiellen Raum zurückzukehren, der diesen Eigenschaften Entwicklungsmöglichkeiten bietet.
Also Wiedergeburt? Im Prinzip ja. Aber im Jenseits geschieht mit uns etwas. Wir vereinigen uns mit zu uns Passendem und legen zu uns nicht mehr Passendes ab. Wir werden verändert und kehren als Veränderte ins Materielle zurück. Hurra! Auf geht's! Oder: ach herrje, schon wieder zurück in diesen Sumpf. Nimm es an und geh' weiter!

Was passiert mit denen, die in ihren durch ihre Vorstellungen erzeugten Erlebniswelten verbleiben?
Im Jenseits spielt Zeit keine Rolle. Im Jenseits können Äonen verstreichen, während auf der Erde, also im materiellen Raum, keine Sekunde vergangen ist.
Irgendwann wird es dem, der in seiner Erlebniswelt geblieben ist, lang-

weilig werden. Er wird nach Neuem suchen. Und so entwickelt auch er sich weiter.

Man könnte sogar in den materiellen Raum zu einem Zeitpunkt zurückkehren, der vor dem Zeitpunkt liegt, als man ihn verlassen hatte. Da sollte es keine zeitlichen Grenzen geben, denn im Jenseits gibt es real keine Zeit.

Kann ich als Tier wiedergeboren werden?
Es kommt auf die Eigenschaften an, die vordringlich weiter entwickelt werden müssen. Wenn das in Gestalt eines Tieres am besten möglich wäre, dann warum nicht? Das Mensch sein geht dadurch nicht verloren, kann es gar nicht. Nichts kann verloren gehen.

*　　*　　*

Sie sollten skeptisch sein. Ich könnte mir alles nur einbilden.
Es kommt mir vor, als würde ich auf Erinnerungen oder das Buch des Wissens zurückgreifen. Aber ich bin mir nicht sicher.

Wenn der geistige „Raum“ zeitlos ist, wie können dann unsere Seelen im Jenseits zeitliche Abläufe erleben? / Entwicklung der Erkenntnis

Indem sie sie erschaffen. Wir sind durch unsere Erfahrungen in der materiellen Welt auf zeitliche Abläufe „getrimmt“. Wir erzeugen im Jenseits Situationen, in denen wir uns bewegen und sich Geschehnisse entwickeln.
Wir kennen es aus unseren Träumen.

Im Grunde wäre das nicht nötig. Unsere Seelen könnten im Jenseits alles sofort total erleben, aber sie sind darauf nicht vorbereitet und wollen es daher nicht. Sie würden es auch nicht verstehen.
Davon abgesehen: Wäre es nicht unbefriedigend, alles sofort zu erleben? Es gäbe keinen Anreiz mehr, keine Ungewissheit, die Spannung erzeugt, keine Freude auf Zukünftiges.

Im Zustand vor dem „Urknall“, als die Einheit vollkommen war, gab es keinen Anreiz, keine Ungewissheit, keine Spannung und keine Freude.
Es gab überhaupt keine Eigenschaften außer Einheit und Vollkommenheit.
Es ist sehr gut verständlich, dass der Urknall passierte. Er hat es ermöglicht, all die Freuden zu erzeugen, die die Vielfalt, Verschiedenheit hervorbringt, und dennoch das alles Verbindende, die Einheit, Vollkommenheit zu erkennen, im Bewusstsein zu behalten.

Das Universum wird sich nicht wieder zusammenziehen und schließlich in den Zustand vor dem Urknall zurückkehren. Im Gegenteil. Die Möglichkeiten der Weiterentwicklung, neue Verschiedenheiten zu bilden, sind grenzenlos. Dabei wird das Bewusstsein der tiefer liegenden Einheit und Vollkommenheit stets erhalten bleiben, ja sich sogar mit erweitern.
Je vielfältiger das Universum wird, desto stärker wird es seiner Einheit und Vollkommenheit bewusst.
Es klingt paradox, aber es ist so. Es ist schiere Freude. Durch die zunehmende Komplexität, Verschiedenheit wachsen auch die Möglichkeiten der Erkenntnis.

Jeder von uns erlebt das in seinem eigenen Geist, dem Ich.
Das Gehirn ist ein Abbild des Universums, nicht buchstäblich, sondern im übertragenen Sinne. Das Ich-Bewusstsein ist zu umso größerer Erkenntnis fähig, je komplexer das Gehirn ist.

Hölle und Teufel

Wie sollen Hölle und Teufel entstanden sein?
Gott müsste sie als Gegengewicht zu sich selbst geschaffen haben. Warum?
Ist er nicht mehr Herr der Lage?
Nein, Hölle und Teufel sind von Menschen erfunden worden, die spürten, dass sie eigentlich bestraft werden müssten, und dafür eine übernatürliche Instanz erfunden haben.
Sie haben Dinge gedacht und getan, von denen sie wussten, dass sie unmoralisch sind.
Was ist Moral?
Wir alle fühlen, dass wir ein Teil von allem, dass wir eine Gemeinschaft sind, und dass es falsch ist, gegen die Gemeinschaft zu handeln, um einen persönlichen Vorteil zu erhalten.
Um uns selbst zu bestrafen, haben wir Teufel und Hölle erdacht.
So leben wir mit ihnen und in ihnen, nicht in einer nebulösen Zukunft, sondern jetzt, hier, im Diesseits. Jeder erschafft sich seine Hölle selbst.
Die Moralapostel, die uns mit der Hölle drohen, leben zumindest gedanklich schon in ihrer eigenen Hölle, sonst würden sie uns nicht davon erzählen.
Im Jenseits wird niemand bestraft, sondern verändert, so, wie es angemessen ist.
Er wird in die Lage versetzt, wünschenswerte Eigenschaften zu entwickeln, und dafür wieder in die materielle Welt zurückgeschickt.
Was hätte Strafe für einen Sinn?
Rache? Wer gewinnt etwas durch Rache?
Da der Übeltäter nicht vernichtet werden kann, weil nichts vernichtet werden kann, bekommt er neue Chancen.
Er muss sich selbst bewusst verändern.
Das ist schon so etwas Ähnliches wie eine Strafe.
Wenn er das nicht will, fällt er in die gleiche Grube zurück und muss wieder versuchen, heraus zu steigen. Da gibt es kein Entkommen.

Gibt es einen Himmel?
Sie stellen diese Frage nicht ernsthaft.

Wer sich vollkommen entwickelt hat, ist in Gott zurückgekehrt. Für alle anderen geht es im materiellen Raum weiter. Daran erfreut sich Gott. Nicht um uns zu quälen, sondern uns weiter entwickeln zu lassen.

Positiv und Negativ

Wenn alles sich positiv weiter entwickelt, wo bleiben dann die negativen Facetten Gottes, ohne die das Positive nicht existieren kann?

In Wirklichkeit gibt es kein Positiv und Negativ. Gute können Böses tun, und Böse können sich für gut halten.
Zu jeder Eigenschaft gibt es viele gegenteilige Eigenschaften, die sich sogar mit dieser Eigenschaft vermischen können.
Gott will Entfaltung, Vielfältigkeit.
Die Weisen, die sich ganz auf Gott ausgerichtet haben, versuchen nicht, „gut" zu sein.
Sie versuchen, in jeder Situation das zu tun, was jetzt gerade angebracht ist.
Es geht nicht um Gut oder Böse, sondern Bescheidenheit (Demut) und Mut. Um die Bereitschaft, in jeder Situation zu bestehen, in die man hineingestellt ist, indem man auf das große Ganze schaut, das Gott ist, und sich entsprechend zu verhalten.
Dazu verhilft das Buch des Wissens.
Man kann sich nicht damit „entschuldigen", dass man keinen Zugang zum Buch des Wissens hätte. Es liegt nur an einem selbst.
Ja, darauf kommt es an: Demut und Mut in Verbundenheit, ist das nicht schön?

Wenn wir im Jenseits verändert werden, verschwindet das, was wir abgelegt haben, nicht.
Es verbindet sich auch mit zu ihm Passendem.
Die Entwicklung geht immer weiter.

VIII Eigenschaften

Gier und Angst

Es gibt zwei Faktoren, die bestimmen, ob die Aktien rauf oder runter gehen: Gier und Angst.
Gier: Ich will möglichst schnell möglichst viel Gewinn erzielen.
Angst: Es gibt viele Ereignisse, die meine Aktien hinunterziehen können: terroristische Anschläge, Naturkatastrophen, die erwartete Performance der Firma wird nicht erreicht, und vor allem: Die anderen Anleger haben auch Angst, verkaufen deshalb, und dadurch sinken die Kurse.
Die Gier bewirkt, dass ich Aktien kaufe.
Die Angst bewirkt, dass ich Aktien verkaufe.
Was von beiden überwiegt (Gier oder Angst, beide sind stets vorhanden), ist manchmal Ergebnis meines Hormonhaushaltes, meines Östrogenspiegels, des Anteils von Testosteron oder was auch immer in meinem Blut.
Wichtiger aber ist, wie die anderen sich verhalten. Kaufen sie oder verkaufen sie? Wie ist die Großwetterlage? Steigen die Kurse allgemein oder fallen sie?

Haben Sie etwas bemerkt? Ich habe nicht erwähnt, ob eine Firma, die Aktien notiert, Produkte entwickelt, die eine gute Zukunftschance haben, weil sie besser oder umweltschonender oder energiesparender oder was auch immer sind.

Angst und Gier lassen sich durch Realitäten kaum beeinflussen, denn sie leben von Erwartungen, die auf Vermutungen basieren, was die anderen Anleger wohl erwarten.
Und diese Erwartungen bestimmen, was an den Börsen passiert und damit die globale Wirtschaft.

Für die Entwicklung der Wirtschaft sind also Faktoren wie Intelligenz, Weitsicht, Humanität eher unbedeutend.
Das System bricht nicht zusammen, weil Gier und Angst bei allen Beteiligten stets im Widerstreit miteinander liegen.
Gier und Angst sind negative Eigenschaften. Börsianer sprechen lieber von Mut und Vorsicht, aber Gier hat mit Mut nichts zu tun.

Habgier und Stolz

Wenn man etwas verliert, tut es weh.
Hat man Eigentum angesammelt, kann man es verlieren.
Hat man etwas erreicht, auf das man stolz ist, kann man auch das verlieren.

Der Weise kann alles verlieren. Es tut ihm nicht weh. Er wusste, dass Besitz unbeständig ist.
Materielle Besitztümer vergehen. Geistige Besitztümer sind Illusion.
Wissen hat mit Besitz nichts zu tun.
Dem Weisen kam es nie darauf an, seine „Errungenschaften" zu behalten.
Der Weise hat und hatte nie Errungenschaften. Nur Außenstehende sehen es so.
Der Weise ist, wie er ist.
Wenn er Besitztümer hat, lacht er, denn er hat sie nicht angestrebt, sie sind ihm egal.
Oder er weint, wenn sie ihn belasten.
Stolz ist ihm sowieso fremd.

Wie kann der Weise so anspruchslos sein?
Falsch. Der Weise ist alles andere als anspruchslos.
Ansprüche, die die anderen stellen, mein Haus, mein Garten, mein Auto, meine Yacht und so weiter, sind für ihn irrelevant.
Der Weise hat den Anspruch, sein Tun nach dem All-Einen auszurichten. Wenn es ihm gelingt, ist sein Glück vollkommen. Wenn es ihm noch nicht gelingt, bereitet ihm dennoch das Streben danach schon viel größeres Glück als es die materiell orientierten Menschen erleben können.

Bescheidenheit

Wozu soll Bescheidenheit gut sein? Voran kommt doch nur, wer sich gut verkauft, oder?
Das Berufsleben ist hart. Man kämpft um seinen Arbeitsplatz. Man sollte besser sein als die Konkurrenten, aber noch wichtiger ist, dass die Vorgesetzten glauben, man wäre besser.
Ja, so ist es.

Aber der geistige Bereich hat mit der Ellenbogengesellschaft nichts zu tun.
Wenn Sie als Mensch Ihre geistigen Fähigkeiten entwickeln wollen, müssen Sie Ihr Ego zurücknehmen. Seien Sie nicht die agierende Person, kämpfen Sie nicht, sondern lehnen Sie sich zurück. Beobachten Sie. Sehen Sie, was um Sie herum passiert, und lernen Sie.
Dann werden Sie bemerken, dass in anderen Menschen Fähigkeiten vorhanden sind, die Sie nicht haben.
Wenn Sie ehrlich sind, können Sie Bewunderung dafür entwickeln.

Alle Menschen sind verschieden. Jeder hat mindestens ein besonderes Talent. Es tritt nicht immer offen zutage.
Jeder verdient Respekt, sei er auch abgesehen von seinen Talenten noch so unvollkommen.
Jeder hat etwas Besonderes in sich, an das ich nicht heranreichen kann.
Okay, auch ich habe besondere Talente, und das stellt mich mit den anderen auf eine Stufe.
Ich bin nicht mehr und nicht weniger wert als sie.

Mut

Mut ist etwas ganz anderes als Übermut (Leichtsinn) oder Wagemut (Tollkühnheit).
Mut bedeutet, dass ich etwas tue, weil ich es für notwendig halte, ohne Rücksicht auf die Folgen für mich selbst.

Mut ist der höchste Grad der Bescheidenheit, denn er ist Selbstlosigkeit.

Festigkeit

Die meisten Menschen erleben nicht, was ich schildere. Sie sind gefestigt. Sie haben ihre festen Vorstellungen und leben danach.
Wenn sie ungewöhnliche Phänomene erleben, erklären sie sie, oder sie vergessen sie.
Das ist hundertprozentig in Ordnung.

Die Offenheit kann nur sein, wenn es auch die Festigkeit gibt!
Wie sich Offenheit und Festigkeit auf Individuen verteilen, ist nicht relevant.
Der Normalfall ist, dass Offenheit und Festigkeit in unterschiedlichem Maß in jedem Individuum vorhanden sind.

Es gibt aber auch extrem feste und extrem offene Menschen. Letztere bringen die Menschheit voran, können aber auch Schreckliches bewirken.
Die Offenen sind es, denen alles möglich ist, von positiv bis negativ, während die Festen einen ruhenden, bewahrenden Pol beschützen.
Die Festen geben Halt. Sie können Offene hindern, Unheil anzurichten. Sie können aber auch Offene hindern, Positives voranzubringen.
Aber es gibt nichts Gutes ohne das Gegenteil.

Die Funktion der Festen ist sehr wichtig. Auch wenn es Vorurteile sind, die die Festen beherrschen. Die Festen sind eigentlich arm dran. Es ist schwer für sie, sich weiter zu entwickeln. Sie werden es dennoch tun, auch wenn es Zeit braucht. Sie üben eine Schutzfunktion aus. Alles hat einen Sinn.

Fähigkeiten

Wie langweilig wäre es, wenn alles gleich wäre?
Unendlich langweilig.
Durch die Aufteilung der Einheit in Vielfalt wird alles erst interessant.

Zum Beispiel ist jeder Mensch einzigartig.
Viele haben herausragende Fähigkeiten auf speziellen Gebieten, die nur schwer zu erklären sind.
Diese Fähigkeiten erwarben sie nicht durch Training, sondern sie waren einfach da.

Neurobiologen sagen: ungewöhnliche Verschaltungen im Gehirn. Aber warum haben sich die Gehirne so verschaltet?
Genetische Einflüsse und Einflüsse der Umwelt scheiden aus.

Mutationen? Das Wort ist nur eine Beschreibung, keine Erklärung. Was ruft diese Mutationen hervor?
Man könnte antworten: Zufall.
Es fällt den Menschen zu. Wodurch?

Manche, die keine außergewöhnlichen Eigenschaften an sich bemerken, trösten sich mit der Feststellung: Die haben doch alle eine Macke, sind irgendwie gestört.
Auch Mozart, Goethe, Leibniz, Einstein, Kasparow usw.?

Aber das Durchschnittliche, Normale kann nicht der Maßstab sein.
Wir sind alle verschieden. So soll es sein. Daran erfreuen wir uns. Daran erfreut sich Gott.

Geistige Behinderung

Menschen, die einen Defekt im Gehirn aufweisen, nennen wir „geistig behindert“. Wenn dieser Schaden Gehirnareale betrifft, die für Intuition und Gefühle zuständig sind, fällt es in der Regel nicht auf.
Wenn aber für Denken und Logik zuständige Teile des Gehirns betroffen sind, sind solche Menschen oft nicht mehr in der Lage, ihr Leben zu organisieren und zu gestalten.
Interessanterweise zeigen diese Menschen häufig eine Offenheit und Herzlichkeit, die wir nicht gewohnt sind, die uns deshalb sogar erschrecken kann.
Sie sind einfach, natürlich, spontan.
Sie denken nicht nach, sondern handeln sofort, emotional. Meistens Kontakt suchend, nicht abweisend.
Wenn wir unseren Schrecken überwunden haben, lächeln wir über sie. Dann vergeht das Lächeln, und wir bewundern sie.
Sie sind so authentisch, vielleicht näher bei Gott als wir?
Bei ihnen treten Teile des Gehirns, die für Intuition und Fühlen sorgen, in den Vordergrund.
Bei uns „normalen“ Menschen ist die intuitive, gefühlsmäßige Seite gewöhnlich durch den rationalen Verstand in den Hintergrund gedrängt.
Wir sind also auch behindert.
Wir sollten uns mit diesen anderen behinderten Menschen zusammentun, von ihnen beeinflussen lassen und lernen.

Selbstverständlich, aber kaum jemand nimmt es ernst:
Wir sollten von allem lernen, das existiert.

Was ist Intelligenz?

Der Begriff Intelligenz ist nur schwer zu definieren. Er setzt sich zusammen aus sprachlichem und mathematisch-logischem Verständnis, räumlichem Erkenntnisvermögen, gesundem Menschenverstand und mehr.

Japanische Wissenschaftler haben Schimpansen die Zahlen 1 bis 9 beigebracht. Sie ließen dann diese neun Zahlen auf einem Bildschirm erscheinen, willkürlich verteilt, in verschiedenen Anordnungen, immer nur einen Sekundenbruchteil lang.
Nach jedem dieser Sekundenbruchteile wurden die Zahlen durch gleiche Quadrate ersetzt, die nun an Stelle der Zahlen sichtbar waren.
Die Schimpansen sollten mit dem Finger auf die neun Quadrate tippen, in der Reihenfolge, wie vorher die Zahlen 1 bis 9 dort standen.

Sie erfüllten diese Aufgabe mit Bravour, sogar in „affenartiger" Geschwindigkeit, immer wieder, in kurzen zeitlichen Abständen.
Eine Vergleichsgruppe von Studenten konnte die Schwierigkeiten natürlich nicht so gut meistern.

(Quelle: die Fernsehsendung „Heute", ZDF, 4. 12. 2007.)

Die Leistung der Schimpansen ist aus mehreren Gründen bemerkenswert.

Erstens: Sie konnten sich neun verschiedene abstrakte Symbole (die Zahlen 1 bis 9) merken, obwohl sie für sie keine Bedeutung hatten.

Zweitens: Sie konnten diese neun Symbole in eine Reihenfolge setzen und sich diese Reihenfolge merken.

Drittens: Sie verfügen offenbar über ein fotografisches Kurzzeitgedächtnis, denn sie wussten die Position und Art der Symbole noch, wenn sie nach einem Sekundenbruchteil durch Quadrate ersetzt wurden.

Viertens: Sie konnten diese Übung mit immer wieder anderen Anordnungen der Zahlen auf dem Bildschirm wiederholen.

Sicherlich sind diese Fähigkeiten Zeichen von Intelligenz.
Sicher ist aber auch, dass Schimpansen vieles nicht beherrschen können, was auch Intelligenz ausmacht, oder?

Ich bin mir da nicht so sicher.

Manipulation

Nun, lieber Leser, wende ich mich direkt an Sie, ja nur Sie, Sie persönlich, der Sie jetzt gerade, in diesem Moment dies lesen!

*   *   *

Ich spüre, dass Sie etwas verbergen.

Sie sagen nicht alles.

Sie haben vor etwas Angst.

Etwas beschäftigt Sie sehr.

Sie versuchen nach außen hin, Stärke zu demonstrieren, aber in Ihnen ist etwas, das Sie schwächt.

Es fällt Ihnen schwer, anderen Menschen zu vertrauen.

Auch wenn Sie es nicht zeigen, innerlich sind Sie einsam.

Sie tun alles, um verstanden zu werden, aber man versteht Sie nicht.

Sie wollen geliebt werden, aber Sie bekommen nicht die Liebe, die Sie verdienen.

*   *   *

Haben Sie den Eindruck, im Innersten erkannt worden zu sein?
Dass ich ein Meister, ein Guru bin?

Die Aussagen treffen zu, in unterschiedlichem Maß, aber nicht nur auf Sie, sondern auf alle Menschen.

Weil wir alle nur möglichen Eigenschaften in uns tragen, von positiv bis negativ, und die Grautöne dazwischen, wenn auch mit unterschiedlicher Gewichtung.

Jeder von uns hat in wesentlichen Bereichen Defizite, die durch die obigen Behauptungen aufgezeigt werden.

Wir akzeptieren diese Aussagen aber, weil sie uns unterschwellig, heimlich schmeicheln!

* * *

Gehen wir die Behauptungen durch:

„Ich spüre, dass Sie etwas verbergen":
Ich bin in der Lage, das meiste so gut zu verbergen, dass es niemand merkt!

„Sie sagen nicht alles":
Man glaubt, ich würde fast alles sagen. Ich kann also wieder vieles verbergen!

„Sie haben vor etwas Angst":
Ich habe also vor nur ganz wenigem Angst!

„Etwas beschäftigt Sie sehr":
Ja, ich bin ein viel beschäftigter Mensch, außerdem sehr sensibel.

„Sie versuchen nach außen hin, Stärke zu demonstrieren, aber in Ihnen ist etwas, das Sie schwächt":
Ja, ich bin kein Übermensch, bin aber grundsätzlich stark und auch so ehrlich, Schwächen zuzugeben.

„Es fällt Ihnen schwer, anderen Menschen zu vertrauen":
Kann ich nicht im Grunde nur mir selbst vertrauen? Schon Lenin hat gesagt: Vertrauen ist gut, Kontrolle ist besser.

„Auch wenn Sie es nicht zeigen, innerlich sind Sie einsam“:
Ja, ich bin so außergewöhnlich, dass ich nicht in der Menge untergehe. Dass ich ein einsamer Wolf bin, hebt mich über die Menge hinaus.

„Sie tun alles, um verstanden zu werden, aber man versteht Sie nicht“:
Tue ich wirklich alles dafür?

„Sie wollen geliebt werden, aber Sie bekommen nicht die Liebe, die Sie verdienen“:
Verdiene ich wirklich mehr Liebe als ich erhalte?

*   *   *

Schmeicheleien sind Lügen. Es ist bemerkenswert, wie Formulierungen die Akzeptanz von Aussagen beeinflussen.
Ich habe schon gesagt, dass man dem „Wort“ nicht immer vertrauen darf.

IX Systeme

Islam

Ich habe eine Affinität (Nähe) zum Islam. Der Islam ist die toleranteste Religion. Er lässt alles zu, vom fanatischen Gotteskrieger, den ich verabscheue, bis zum hingebungsvollen Liebenden.

Die Kernaussage des Islam ist: „Gott ist groß, größer als alles sonst. Es gibt keinen Gott außer Gott."
Islamische Mystiker sagen: „Es gibt nichts außer Gott."

Dem schließe ich mich an. Aber leider verstehen das die meisten Anhänger Allahs genauso wenig wie die Anhänger anderer monotheistischer Religionen (Judentum, Christentum).
Allah, Gott, das ist zuerst einmal das Einzige, das existiert.
Dann hat Gott sich geöffnet, so dass er von allen Seiten sichtbar wurde. Ich vermeide jetzt bewusst den Begriff Aufspaltung, einfach weil er mir nicht gefällt. Letztlich ist diese Betrachtungsweise willkürlich.

Weil wir, die Minerale, Pflanzen, Tiere, Menschen auch existieren, sind wir Aspekte, Facetten Gottes.
Dies berücksichtigen islamistische Terroristen nicht. Ihnen sei gesagt:

Erstens: Gott ist alles. Deshalb kann es nichts Gottloses geben. Ja, lasst das in euch einsinken, wirklich alles kommt von Gott.

Zweitens: Selbst wenn ihr das nicht glaubt, so geht ihr doch auch davon aus, dass alles Gottes Schöpfung ist. Gott will nicht, dass seine Schöpfung verletzt wird, schon gar nicht in seinem Namen. Das wäre Blasphemie, Missachtung Gottes.

Wer dennoch Teile der Schöpfung zerstört, stellt sich gegen Gott und muss mit den Konsequenzen zurecht kommen.

Gott ist sehr tolerant.
Und liebevoll.
Gott ist Alles.
Aber erwartet nicht das Paradies.

Mohammed, der Prophet

Der Koran, das heilige Buch des Islam, wurde seinem Propheten Mohammed übermittelt.
Er schrieb es so nieder, wie es ihm eingegeben wurde, ohne Hinzufügungen und Auslassungen.

Zweifellos hatte er eine tiefgreifende Verbindung mit dem Buch des Wissens (dies ist die Art, wie Gott sich Propheten umfassend mitteilt).

Dieses Wissen verband sich mit seinen Vorstellungen, die auf Grund seines Charakters ohnehin schon nahe bei Gott waren.
Seine Vorstellungen waren aber auch nahe bei seinem Volk, um es zu beschützen und sein Leben zu sichern.
Und es galt, diese neu gewonnenen Erkenntnisse in die Welt zu verbreiten, damit auch sie davon profitieren kann.

So hat sich Gott seinem Propheten Mohammed mitgeteilt.
So hat Mohammed das Buch des Wissens verstanden.

Judentum und Christentum

Über das Judentum weiß ich nicht viel. Es sieht Gott als außenstehenden Richter und erscheint mir sehr dogmatisch.

Dagegen habe ich in meiner Kindheit eine Schulung im Christentum durchgemacht, die mich aber ungläubig zurück ließ.
Man lehrt die Dreieinigkeit. Gott ist Vater, Sohn und Heiliger Geist.
Warum nicht Mutter? Warum nicht Tochter? Warum überhaupt eine „Kleinfamilie"?
Spirituell sind natürlich gemeint: der Ursprung, das daraus Folgende und das Vermittelnde dazwischen.
Das entspricht auch dem, was ich empfinde.

Was mich am Christentum stört, ist, dass Jesus durch seinen Tod am Kreuz die Schuld der Menschheit auf sich genommen haben soll.
Dieses Konzept halte ich für falsch, weil es den einzelnen Menschen seiner Verantwortung enthebt. Das wäre sinnlos, kann die Welt nicht weiter bringen.
Jeder ist verantwortlich für sich. Da bin ich sicher.

Religion, Ideologie

Wenn man einer Religion angehört, einer Ideologie folgt, hat man sich begrenzt.
Religionen und andere Ideologien haben Dogmen, Leitsätze, denen man folgen muss, wenn man sich nicht außerhalb stellen will.
Die Menschen akzeptieren dies, weil sie nicht allein, ausgegrenzt sein wollen.

Gott bevorzugt den freien Geist ohne Grenzen, denn er ist selbst so.
Gott braucht keine Religion(en), er braucht gar nichts, aber Religionen können für uns wertvoll sein, weil sie uns Hinweise auf Gott liefern.
In meiner Jugend war Religion sicher eine Hilfe, jetzt brauche ich sie nicht mehr.

Das warme Bett der Religion

Die Religion bereitet uns ein sanftes Ruhekissen.
Wenn wir uns ihr anpassen, wie wir es gelernt haben, wie unsere Eltern und Lehrer es von uns erwarten, dürfen wir beruhigt sein.
Dann haben wir uns abgesichert.

Vielleicht gibt es ja doch ein Leben nach dem Tod. Wenn wir dieselben Rituale befolgen wie die anderen Menschen um uns herum, können wir so falsch nicht liegen, glauben manche.

Nur nicht auffallen, ist die Devise vieler.
Die Religion verbindet die Gesellschaft.
Wenn man sich so verhält wie die anderen, fühlt man sich in der Gemeinschaft geborgen.

Die schlimmste Täuschung ist die Selbsttäuschung.

Wie soll man an Gott glauben?

Ist es nicht merkwürdig?

Die wissenschaftlichen Erkenntnisse kommen immer weiter voran, die Gesellschaften verändern sich, aber unser Glaube an Gott entwickelt sich nicht, als hätte er damit nichts zu tun.

Wir beziehen unseren Glauben aus alten Büchern (der Thora, der Bibel oder dem Koran). Sind nicht diese wertvollen Schriften eher Zeitdokumente, die der damaligen Bevölkerung Anleitung und Hilfen geben sollten, um ein gutes Leben zu führen?

Werte

Westliche Politiker, Bischöfe und andere Amtsträger haben Angst vor dem Islam.
Deshalb betonen sie „westliche“ und „christliche“ Werte, um sich zu schützen.
Sie hoffen, diese Werte als Bollwerk dem anstürmenden Islam entgegensetzen zu können.

Was ist die westliche Tradition? Die moderne Demokratie wurde eingeleitet durch die französische Revolution. Die Losungen waren Freiheit, Gleichheit, Brüderlichkeit.
Die Folgen waren Köpferollen durch die Guillotine und ein neuer Kaiser namens Napoleon.
Schließlich gab es aber doch Parlamente und freie Wahlen.

Die Industrialisierung entwickelte sich und damit eine soziale Kluft zwischen Unternehmern und Arbeitern. Der Gedanke des Sozialismus und Kommunismus kam auf. Sich sozialistisch nennende Staaten entstanden, die von mächtigen Bürokratien beherrscht wurden. Die Bevölkerung hatte nichts zu sagen und keinen Anreiz, etwas zu leisten.
Währenddessen entwickelten die bürgerlichen Gesellschaften den Sozialstaat, der auch den Ärmsten das Überleben ermöglichen soll.

Aber was sind nun die westlichen oder christlichen Werte?
Nächstenliebe. Gibt es auch im Islam.

Freiheit. Wir haben Meinungsfreiheit, Versammlungsfreiheit, Reisefreiheit, das Recht zu wählen. Mit Einschränkungen.
Das unterscheidet uns aber nicht vom Islam, der diese Rechte auch kennt.

Die Angst vor dem Islam ist die typische diffuse Angst vor dem Unbekannten. Was soll man davon halten, wenn Frauen verschleiert durch die Straßen gehen.
Toleranz, Offenheit, Großzügigkeit.
Gibt es auch im Islam.

Kapitalismus und Sozialismus

Die Notwendigkeit der sozialen Revolution wurde von Marx und Engels damit begründet, dass die engen Produktionsverhältnisse des Kapitalismus (Staaten, Firmen, Gesetze) durch die sich erweiternden Produktivkräfte (zum Beispiel wissenschaftliche Neuerungen) quasi automatisch gesprengt werden müssten. Die entscheidende Kraft, die dies bewerkstelligt, wäre die größte Produktivkraft, die Arbeiterklasse, die immer größer, aber auch ärmer wird.

Der Kapitalismus erwies sich jedoch als sehr flexibel und entwicklungsfähig, konnte die Erweiterung der Produktivkräfte nicht nur verkraften, sondern nutzen.
Die Arbeiterklasse wurde nicht immer größer, sondern dezimiert durch Kriege und vor allem die Automatisierung.

Den Firmen geht es nicht um die Einhaltung von Rahmenbedingungen wie zum Beispiel Gesetzen, sondern darum, möglichst hohen Profit zu erzielen. Da die Wirtschaftsunternehmen eine entscheidende Macht ausüben, schließlich ist die ganze Gesellschaft von ihnen abhängig, werden natürlich die Gesetze ihren Bedürfnissen angepasst, die Innen- und Außenpolitik auch.

Der Kapitalismus kann nicht durch eine soziale Revolution überwunden werden.
Würde es dennoch geschehen, käme es zu einer Missgeburt.

Schon in der russischen und chinesischen Revolution spielten nicht allein die Lohnarbeiter eine wesentliche Rolle, sondern auch die Bauern, die um das Recht auf Land und Ernte kämpften.
Aber nur ein geringer Teil der Arbeiter und Bauern unterstützte aktiv die Revolution. Eine entscheidende Rolle spielten die charismatischen Führer: Lenin, Trotzki, Mao.
Das ist vollkommen ungenügend, um eine mehrheitlich akzeptierte neue Ordnung zu etablieren.

Inzwischen bilden die Lohnarbeiter und Bauern eine Minderheit in der Gesellschaft, die vor allem von Dienstleistungen geprägt ist.
Nein, der Kapitalismus kann sich nur selbst überwinden, und nur dann, wenn die Zeit dafür reif ist. Dann wird er es tun. Keine Revolution, sondern Evolution!

Die Globalisierung der Wirtschaft erzwingt ein Zusammenrücken, sich Annähern der politischen Systeme. Alle Länder der Erde werden zu umkämpften Rohstoff- und Absatzmärkten, deren Interessen sich immer mehr angleichen.
Die Globalisierung zwingt Staaten, die wirtschaftlich noch nicht weit entwickelt sind, zu schnellerem Tempo, um sich anzupassen. Das bewirken die Wirtschaftsunternehmen und Länder, die schon weit genug sind, indem sie Geld hinein stecken. Tut der eine es nicht, tut es ein anderer. Wer investiert, kassiert auch den Profit.

Der Kapitalismus, so merkwürdig es klingt, weil es ihm eigentlich nur um Profite geht, bewirkt zwar nicht kurzfristig, aber auf längere Sicht, dass die armen Länder reicher werden und sich angleichen.
Nein, es fließt Geld auf Dauer nicht nur in die Kassen der Privilegierten. Es fließt auch in die Kassen der Länder. Wäre es nicht so, bekämen auch die Privilegierten nichts mehr.

So wird der Kapitalismus, ohne es je angestrebt zu haben, eine Weltwirtschaft entwickeln, in der alle überleben können.
Es wird weiterhin reiche, mächtige Nationen und arme, schwache Nationen geben. Aber die Bedeutung der Nationen wird verblassen. Die Vorherrschaft übernehmen Wirtschaftskräfte, die sich früher einmal in Nationen entwickelt hatten. Sie regieren die Welt, egal ob es noch politische Nationen gibt oder nicht. Sie steuern den Abbau, die Verarbeitung und den Verkauf von Gütern nicht mehr national, sondern weltweit.

So wie die Welt immer mehr zusammenrückt, tun dies auch die Wirtschaftsunternehmen. Der Zwang zum Zusammenschluss führt letztlich zu einem weltumspannenden Konzern, der dann aber mehr als nur ein Wirtschaftsunternehmen ist. Er organisiert nicht nur, was an- und abgebaut, verarbeitet und konsumiert wird. Er organisiert das ganze Leben. Dieser Prozess wird von schweren Krisen und viel Leid begleitet sein.

Ein gigantischer Apparat entsteht, der die Erde vollkommen beherrscht und letztlich dafür sorgt, dass keiner mehr vor Hunger sterben muss. In den Ablauf der „Maschinerie" sind nun praktisch alle Menschen involviert, so dass man von Sozialismus sprechen kann.

Was ist der Preis? Verlust der Verschiedenheit.

Wir können es nicht verhindern. Es muss passieren. Alles ist daraufhin angelegt.
Wenn es geschehen ist, werden wir dagegen rebellieren. Wir wollen die Gleichmachung der Kulturen beenden. Wir wollen Unterschiede. Wir wollen, dass jeder so leben kann, wie er will.
Ja, es wird ganz anders sein als heute. Fremdenfeindlichkeit gibt es längst nicht mehr. Wir werden uns nach Anderem, Fremdem sehnen!
Wir werden Erfolg haben. Alle wollen es, und Gott steht auf unserer Seite.

* * *

Eine mir nahe stehende Person hat dieses Kapitel gelesen und nichts verstanden.
Falls es Ihnen auch so geht: macht nichts.
Meine eigene Vergangenheit und meine damaligen Weggefährten spielen eine Rolle. Wir waren „Revoluzzer".
Karl Marx war unsere Grundlage, eigentlich, wenn wir ehrlich sind, unser Vorwand, um Veränderungen zu fordern. Irgendeine Grundlage muss man schließlich haben, sonst nimmt einen niemand ernst. Eine bessere gab es nicht.

Dieses Kapitel mag ein Beispiel sein, um zu zeigen, dass sich aus einer These etwas ganz anderes entwickeln kann als vorausgesehen, und dann entwickelt sich das Ganze noch weiter und wird sogar dem Vorausgesehenen ähnlich, aber viel umfassender.

Astrologie: Beeinflussen die Sterne unser Leben?

Erst einmal: Was beeinflusst unser Leben nicht?
Alles ist mit allem verbunden. Starke Verbindungen bewirken starke Beeinflussung.
Unsere Verbindungen zu den viele Lichtjahre entfernten Sternen sind schwach.
Zweifellos ist aber die Verbindung zu unserer Sonne sehr stark, sie ermöglicht und erhält unser Leben.

Wie ist es mit den Planeten in unserem Sonnensystem und mit unserem Mond?
Sie haben keine eigene Leuchtkraft, sie reflektieren nur das Licht unserer Sonne.
Ihre Gravitationskraft wirkt sich auf die Erde aus, die Gravitationskraft der Sonne aber Milliarden mal stärker.

Die Astrologen sagen: Wenn von uns aus gesehen Sonne und Venus nahe beieinander stehen, ist Liebe angesagt. Stehen Sonne und Mars nahe beieinander, dann Aggressivität und Krieg.
Wir haben jedoch auf der Erde jeden Tag alles, von Liebe bis Krieg.

Aber die Konstellation der Gestirne zu einem einzigen Zeitpunkt, nämlich als wir geboren wurden, soll sich gemäß der Astrologie prägend auf unser ganzes Leben auswirken.
Das würde ich als hinterhältigen Trick bezeichnen, wenn ich nicht wüsste, dass es ohne bösen Willen behauptet wird. Denn auf diese Weise erhält man für jeden Menschen ein anderes Horoskop, je nach dem, wann und wo er geboren wurde. Entscheidend ist angeblich der genaue Tag, ja sogar die Stunde, ja sogar die Minute, wann man geboren wurde, und auch der Ort, weil ja die Konstellation der Gestirne, von uns aus gesehen, von Zeit und Ort abhängig sind.
Demnach müssten zwei Babys, die gleichzeitig im selben Krankenhaus geboren werden, dieselben prägenden Einflüsse für ihr ganzes Leben haben.

Glauben Sie das?

Stellen Sie sich vor, da ist eine Seele im Jenseits, die wieder auf die Erde kommen soll, um sich weiter zu entwickeln.
Sie müsste warten, bis sie einen Ort und einen Zeitpunkt findet, die zu ihr passen, damit sie inkarnieren kann. Sie müsste warten, bis viele Lichtjahre entfernte Sternsysteme und Sonne, Mond und Planeten unseres Sonnensystems von einem Ort auf der Erde aus gesehen in einer bestimmten Konstellation stehen.
Gut, im Jenseits spielt Zeit keine Rolle. Aber warum sollte Gott sich solchen Beschränkungen unterwerfen? Wozu sollte das gut sein?

Warum sind Horoskope, Hellseher, Tarot, I Ging, Numerologie, Pendeln und so weiter so beliebt?

Weil sie zutreffende Antworten liefern. Es gilt nämlich folgendes Gesetz:

Es ist keinem System, das über uns etwas aussagen soll, möglich, etwas komplett Falsches auszusagen, sei das System auch noch so blödsinnig.

Weil wir alle nur denkbaren Eigenschaften in uns tragen, jeder Einzelne von uns.
Einige Eigenschaften stärker, andere schwächer, abhängig von den Umständen. Das wechselt.
Wenn also jemand eine bestimmte Meinung über uns ausdrückt, kann dies jetzt zutreffen oder früher mal zugetroffen haben. Jedenfalls kann es nicht gänzlich unzutreffend sein.
In praktisch jeder Aussage, die über uns gemacht wird, können wir uns wiederfinden.
Optimisten akzeptieren alle Aussagen über sich bereitwillig, die sie für positiv halten. Die negativen aber auch, weil sie sich, wenn auch ungern, daran erinnern.
Pessimisten neigen eher zu negativ gefärbten Aussagen.
Aber das sind nur Schattierungen.
Sogar der Geizigste wird nichts dagegen haben, wenn man ihm im geistigen Sinne Großzügigkeit bescheinigt.
Der vielfache kaltblütige Mörder ist einverstanden, wenn er als warmherzig und liebevoll bezeichnet wird. Seine Kinder können es bestätigen.
Und der toleranteste Mensch gibt zu, dass er aggressiv ist, weil ihm einmal die Hand ausgerutscht ist, mag es auch einen guten Grund dafür gegeben haben.

Also sind wir Menschen im Wesentlichen gleich?
Ja, aber nur in dem Sinn, dass wir von Gott kommen und ihn widerspiegeln.
Aber nein in jedem anderen Sinn. Gott will doch die Vielfalt, die Verschiedenheit.

Wir unterscheiden uns. Einige orientieren sich an materiellen Werten, andere an geistigen. Der eine versucht, sein Leben in geordneten Bahnen zu entwickeln, der andere lebt in den Tag hinein. Man denkt nur an sich oder man denkt mehr an andere. Und so weiter.
Charaktereigenschaften sind unterschiedlich verteilt. Obwohl grundsätzlich alle Eigenschaften in jedem Menschen irgendwie vorhanden sind, ist die Verteilung der Eigenschaften, die hauptsächlich das Leben eines Menschen bestimmen, von Mensch zu Mensch verschieden.
Mutter Teresa wird niemand Aggressivität nachsagen.
Adolf Hitler und Josef Stalin, ihre Fähigkeit zur Nächstenliebe hielt sich in Grenzen.

Aber meistens wenden wir die in der Überschrift genannten Hilfsmittel nicht an, um etwas über Charaktereigenschaften zu erfahren, sondern konkrete Handlungshilfen in bestimmten Lebenssituationen zu finden oder Aussagen über unsere Zukunft.

Oft erhalten wir Antworten, die allgemein gehalten sind oder uns nicht gefallen.
Dann wenden wir diese Hilfsmittel wieder an, vielleicht geben sie uns jetzt genauere Informationen?
Wir können dieses Spiel so lange treiben, bis wir endlich hören, was wir hören wollen.

Hätten wir uns dann das Ganze nicht sparen können?
Das Herz, das Ich, das Ego kennt doch von vornherein die Antworten, die richtig sind.

Warum hören wir trotzdem auf Horoskope, Hellseher und so weiter?
Weil wir Angst haben, einfach die Verantwortung für uns selbst zu übernehmen. Das zu tun, ohne Rücksicht auf die Folgen für uns, was wir im Innersten als richtig erkennen.

Systeme / Die innere Stimme

Die Menschen neigen dazu, wenn sie ein paar Wahrheiten gefunden haben, sie zu einem System zusammenzufassen.
Man könnte versuchen, dies auch mit dem hier Geschriebenen zu machen.

Misstrauen Sie jedem, der irgendein System propagiert, sei es religiös, politisch oder wissenschaftlich!
Es gibt keine absoluten Wahrheiten, schon gar nicht auf materieller Ebene.
Worauf es ankommt, ist der freie Geist.

Das ist es, was Gott will. Sie brauchen nicht daran zu glauben. Haben Sie den Mut, auf Ihre innere Stimme zu hören und sie zu befolgen.
Auf den ersten Blick kann Ihre innere Stimme etwas Falsches sagen.
Dringen Sie in Ihr Inneres tiefer ein.
Sobald Sie eine Botschaft aus sich selbst erhalten, die klar, evident, schlüssig ist, sind Sie angekommen.
Aber nur, wenn Gefühle dabei keine Rolle spielen.

Vorurteilslosigkeit ist das oberste Gebot.

Die Wahrheit hat viele Dimensionen

Die Aussage: „Es gibt keine absoluten Wahrheiten, schon gar nicht auf materieller Ebene“, bedeutet genau das.

Eindimensionales, absolutes Denken sieht so aus:
Angenommen, da ist ein Kuchen. Wenn der eine für sich ein großes Stück herausschneidet, bleibt für die anderen umso weniger übrig.

Das wäre wahr, wenn es auf der Welt für alle Zeit nur diesen einzigen Kuchen gäbe.
Aber es ist falsch, die Welt auf einen einzigen Kuchen zusammenzuziehen.
Jemand, der vom Kuchen zu wenig abbekommen hat, wird einen neuen Kuchen backen.
Außerdem gibt es immer viele „Kuchen“ verschiedenster Art.

Beim nächsten Kuchen wird der Verfressene, der erst einmal satt ist, den größten Teil den anderen überlassen. Ist er nicht bescheiden?

Die Wahrheit ist immer so komplex, dass sie nicht durch eine einzige Aussage beschrieben werden kann, sondern nur durch viele Aussagen, die sich scheinbar widersprechen (siehe auch „Gegenteile“, früher in diesem Buch).

X Facetten

Seltsame Begebenheiten

Seltsame Begebenheit Nummer 1:

Ich treffe Person X unverhofft in einer Stadt und gleich darauf auch noch Person Y, wo ich beide nie erwartet hätte.

Erklärung: Erstens sind die Menschen heute mobiler als früher und können an vielen Orten angetroffen werden.
Zweitens: Ohne dass mir dies bewusst ist, kenne ich Tausende von Menschen. Ich habe also Tausende meiner Bekannten nicht getroffen! Wenn ich auch noch berücksichtige, dass solche Begebenheiten nicht in jeder Stadt und nicht jeden Tag passieren, sondern selten, zeigt das eher, dass unsere Erde doch relativ groß ist.

Man hat sogar errechnet, dass praktisch jeder erwachsene Mensch mit jedem anderen, gleich welcher Nationalität oder Rasse, normalerweise über höchstens vier Ecken (Bekannte, die weitere Bekannte haben) bekannt ist.
Auch für den Einsiedler gilt das, denn ihn kennen zumindest seine Eltern, und schon ist er mit der Menschheit verbunden.
Wie man das berechnet hat, entzieht sich meiner Kenntnis. Gelten alle Menschen als Bekannte, mit denen ich mich fünf Minuten oder länger unterhalten habe? Oder zählt auch die Kassiererin im Supermarkt dazu, die ich nur einmal gesehen und mit der ich nur ein paar belanglose Worte gewechselt habe, wenn überhaupt?
Wie auch immer, es ist nicht so wichtig. Interessant ist, dass alle Menschen über Kommunikationskanäle sogar persönlich recht eng miteinander verbunden sind.

Es leben knapp sieben Milliarden Menschen auf der Erde.
In jedem einzelnen menschlichen Gehirn gibt es etwa hundert Milliarden Neuronen (Nervenzellen), die durch circa hundert Billionen (hunderttausend Milliarden) Synapsen (Verbindungen) miteinander verknüpft sind. Das ist nur eine grobe Schätzung, wahrscheinlich ist die Zahl der Nervenzellen und ihrer Verbindungen noch weit größer.

Es würde mich sehr überraschen, wenn die kürzeste Verbindung zwischen zwei beliebigen Neuronen mehr als drei andere Neuronen als Zwischenstation brauchen würde.

*   *   *

Seltsame Begebenheit Nummer 2:

Ich bin an einem Ort, der mir vorher unbekannt war, und fühle mich vertraut, als würde ich den Ort kennen.

Erklärung: Vielleicht war ich doch schon einmal dort und habe es vergessen.
Vielleicht habe ich etwas gehört, gelesen, gesehen, was diesem Ort sehr ähnlich war, das kann schon lange her sein.
Es gibt so viele Orte auf der Welt. Es ist unvermeidlich, dass sich viele Ortsteile ähneln.

Wir wollen aber nicht vergessen, dass wir mit allem Vergangenen, Gegenwärtigen und vielleicht auch Zukünftigen immer verbunden sind, dass uns daher alles irgendwie bekannt ist, auch wenn wir persönlich nie da waren.
Es gibt ein größeres Ich, das nicht nur eine Person, sondern die ganze Welt umfasst, das Universum, sowohl den materiellen als auch den geistigen Bereich. Dieses größere Ich ist mit uns ständig in Verbindung. Ich erinnere an das Buch des Wissens.

*   *   *

Seltsame Begebenheit Nummer 3:

Ich sehe oder höre etwas Unpassendes, Unerklärliches (Spuk).

Solche Phänomene sind in der Regel naturwissenschaftlich zu erklären, da Licht und Geräusche bei bestimmten Bedingungen ungewöhnliche Effekte hervorbringen.

Ich selbst erlebe aber auch manchmal Dinge, die ich nicht ohne Weiteres erklären kann. Etwas scheinbar Banales: Ich schlafe länger, als ich sollte, da höre ich ein eindringliches mehrmaliges Türklopfen, Papierrascheln oder laute Stimmen, die eindeutig nicht aus meinen Träumen oder aus der Realität kommen, die mich aber aufwecken. Man mag das so erklären, dass mein Unterbewusstsein mich wecken will. Dies geschieht oft an Wochenenden, wenn ich keinen Druck habe, früh aufzustehen. Ich vermute, dass es für mich auch dann nicht gut ist, zu lange zu schlafen. Diese Geräusche wirken so echt, als kämen sie aus der Wirklichkeit.

Bedeutung

Dr. House, der einsame Zyniker:
Wenn es eine Ewigkeit gibt, ist dieses kurze Leben ohne Bedeutung.

Patientin, die Hilfe sucht:
Wenn es keine Ewigkeit gibt, ist dieses Leben ohne Konsequenz, irrelevant.

(Wortwechsel in Folge 12, 3. Staffel der TV-Arztserie „Dr. House“, USA 2007)

Bevor Sie weiter lesen, sollten Sie darüber meditieren, in sich selbst geruhsam die Möglichkeiten entfalten lassen.

*   *   *

Die beiden Diskutanten sind von einer Voraussetzung ausgegangen, die den Blickwinkel zu sehr verengt.
Sie haben „Bedeutung“ in Verbindung mit „Ewigkeit“ gebracht.
Schauen wir doch nicht auf die Ewigkeit.
Seit dem Beginn des Universums sind über dreizehn Milliarden Jahre vergangen.
Es sind großartige Entwicklungen geschehen, die weitergehen.
Zweifellos haben auch kurze irdische Lebensspannen eine Bedeutung, denn sie tragen zur Entwicklung bei, so war es immer, so ist es von einfachen physikalischen und chemischen Verbindungen bis zu intelligentem Leben.

Als die beiden von Bedeutung sprachen, haben sie eigentlich nur einen ganz kleinen Teil von Bedeutung gemeint, nämlich ihr eigenes, kleines, gegenwärtig empfundenes Ego in seiner Beziehung zur Unendlichkeit.
In Beziehung zur Unendlichkeit ist alles Endliche, sei es noch so groß, bedeutungslos.
Es ist falsch, unser Dasein in Beziehung zur Unendlichkeit oder Ewigkeit, was dasselbe ist, zu setzen.

Es hat seinen Wert hier und jetzt und wird im Buch des Wissens erhalten, so dass die weitere Entwicklung darauf aufbauen kann.

In Wirklichkeit kann es nichts Bedeutungsloses geben. Alles Weitergehende baut auf scheinbar Bedeutungslosem auf, auf allem, was da ist.

Also hatte die Patientin letztlich doch recht.
Dr. House lag ganz falsch.
Ich fühle mit ihm.

Fürsorge

Ich bin sicher, dass ich „Begleiter“ habe, mindestens einen „Fürsorger“, der sich um mich kümmert. Man nennt dies Schutzengel, der Begriff gefällt mir, aber ich möchte ihn vermeiden, weil er zu religiösen Prägungen gehört, denen wir unterworfen waren, die uns aber an der Wahrheitsfindung hindern.
Das Wort „Fürsorger“ gibt es leider auch in einer TV-Science-Fiction-Serie. Mein Gebrauch dieses Wortes hat damit nichts zu tun.

Ich spüre das Wirken des Fürsorgers fast immer, meistens sogar wenn ich „nichts“ spüre, weil meine Schmerzen und Sorgen verschwunden sind. Selbstverständlich ist der Fürsorger Gott, genauer gesagt eine Art, wie sich Gott ausdrückt; wir sind ja auch eine Art, wie sich Gott ausdrückt. Dass Gott sich auf unterschiedliche Art und Weise ausdrückt, ist ja so wunderbar und schön.
Gerade wenn man nichts Negatives spürt, ist es ein Zeichen, dass Gottes Fürsorge wirkt.

Wenn Gott nur ein seelenloser Programmierer wäre, warum fühle ich mich dann ständig gestreichelt, beschützt und ermuntert? (Ich weiß, dass es für viele nicht so ist.)
Alles Bestandteil des Programms? Dann ist es ein gutes Programm, dazu sehr komplex. Selbstverständlich ist Gott ein Programmierer, und wir sind Bestandteile seines Programms, das ist eine richtige Sicht der Dinge, aber nur von einem bestimmten Blickwinkel aus gesehen. Da Gott total ist, gibt es natürlich andere Blickwinkel, die genauso real sind. Alle sind richtig.
„Gott liebt mich.“ Ja, ein Programmierer liebt sein Programm, vor allem, wenn er es für gelungen hält.

Das ist Sophisterei. Es spielt keine Rolle. Wichtig ist, wie es sich auf uns auswirkt.
Wie ist es mit den Gegenbeispielen? Den unschuldigen Opfern von Anschlägen, Mord oder Unfällen oder auch Naturkatastrophen? Den Menschen, die sich nicht von Gott gestreichelt fühlen?

Wir können es nicht erklären, wenn wir das Individuum, den einzelnen Menschen in den Mittelpunkt stellen.
Manche von uns essen Fleisch, aber wir vermeiden es sorgsam, das einzelne Tier, das wir verzehren, uns dabei vorzustellen.
Es ist alles eins, positiv geht nicht ohne negativ, man muss über das Individuum, auch über die Gruppe, die Gemeinschaft hinaussehen. Letztlich zählt nur alles insgesamt. Wir sind mit allem verbunden, mehr als nur unser individuelles Ich, das ist klein und vergänglich.
Auch wenn kleine Teile des Ganzen wie ich momentan von Gott besonders beschenkt werden, ist dies nur jetzt, wo es sinnvoll ist, bevor ich wieder mit dem großen Ganzen verschmelze, um verändert daraus hervorzugehen.

Man mag mein Gefühl, ständig von Gott liebevoll begleitet zu sein, dadurch erklären, dass ich total auf Gott fixiert bin und die dazu passenden Empfindungen in mir selbst erzeuge.
Diese Meinung kann ich nicht widerlegen.
Aber was, frage ich, bringt mich denn dazu, mich auf diesen eingebildeten Gott zu fixieren?
Mein Leben läuft gut, ich habe bisher keine ernsthaften Krankheiten gehabt, keine Unglücksfälle, keine materiellen Sorgen, keine mir nahe stehenden Personen, um die ich mir wirklich Sorgen machen müsste.
Allerdings bin ich mir immer bewusst, dass sich dies alles in einem Augenblick ändern kann.

Also wo liegt mein Motiv für mein merkwürdiges Verhalten?
Ich sage: Es kommt vom Buch des Wissens, von Gott.
Jetzt sage ich noch etwas, obwohl ich es hier gut sein lassen könnte und mich das wieder unglaubwürdig erscheinen lassen mag.

Ich existierte schon früher materiell auf der Erde, wenn es auch ein anderes Ich war als heute.
Ich war auch im Jenseits, nach Tod und vor Leben, übrigens besonders glücklich.
Auch in der Gegenwart existiere ich noch in anderen Personen materiell,

wenn auch nur mit sehr schwachem Ich-Gefühl. Diese Personen haben ein eigenes Ich, das meines überlagert.
Ich fühle auch eine Verbindung zu künftigen Ichs.
Dies bedeutet, dass meine Seele weit über die Person dieses Schreibers hinausreicht.

Vielleicht sagen Sie jetzt: Gott sei Dank, ich wusste doch, dass er spinnt!
„Gott sei Dank" sagen Sie, weil Sie sich nun nicht mehr damit auseinander setzen müssen.
Nein, es gibt keine Grenzen für die Seele!
Und dies trifft auf jeden Menschen zu, auch wenn es ihm nicht bewusst ist.
Seelen überlappen und durchdringen sich, alle sind nahe bei Gott.
Aber vielleicht bilde ich mir das alles nur ein?

Gnade

Gnade ist etwas, das vor allem das Christentum betont.
Im Judentum und Islam spielt das Konzept der Gnade keine wesentliche Rolle.

Für das Christentum ist die Gnade Gottes zentral, denn Jesus soll durch seinen Tod am Kreuz die Menschheit von ihren Sünden „begnadigt“ haben.
Wenn wir nüchtern darüber nachdenken, ist dies eine seltsame Vorstellung.
Warum sollen Menschen für das, was sie tun, nicht einstehen?

Wenn wir die Idee der Gnade aber etwas niedriger hängen, wird sie sinnvoll.
Fehler werden verziehen, wenn unser größeres Tun in die richtige Richtung läuft.

Warum ist Jesus dann am Kreuz gestorben?
Ich bin mir nicht sicher, dass er damals wirklich gestorben ist, aber er hat den Menschen großartige Handlungshilfen für ihr Leben gegeben und neue, wichtige Sichtweisen auf Gott gezeigt.

Nächstenliebe

Was ist uns am nächsten?

Die Luft, die wir atmen.
Das Wasser, das wir trinken.
Die Nahrung, die wir essen, Pflanzen und Tiere.
Die Sonne, die uns Licht und Wärme schenkt.

Unser Nächstes ist, was unser Leben ermöglicht und erhält. Das sollten wir lieben und verehren.

Nächstenliebe ist nicht echt, wenn sie sich auf andere Menschen beschränkt.

Religionen meinen mit Nächstenliebe die Liebe zu anderen Menschen.
Sie ist auch wichtig.
Sie sollte besser Menschenliebe heißen.

Nächstenliebe gehört zu meiner Natur.
Menschenliebe bringe ich oft nicht auf.
Ich finde das verzeihlich und verständlich, weil Menschen Lebens- und Liebenswertes immer mehr zerstören.
Global gesehen wirkt die Menschheit wie ein riesiger Heuschreckenschwarm, dessen Vernichtungsfeldzug keine Intelligenz erkennen lässt.
Wünschenswert wäre ein weltumspannender Wettbewerb: „Unsere Welt soll schöner werden", um angerichtete Schäden zu beseitigen. Aber die Verwandlung der Erde in Wüsten und Mülldeponien erscheint vorerst unaufhaltsam.

Was alles verbindet

Die Esoteriker sagen: Gott ist Liebe. Die Schöpfung ist durchdrungen von Liebe. Liebe verbindet alles miteinander.
Ich möchte es so formulieren:
Gott liebt sich selbst. Diese Liebe lebt in seiner Schöpfung, die er selbst ist, natürlich weiter und verbindet alle Teile der Schöpfung miteinander.

Das Wort „Liebe", so viele Facetten es auch hat, beschreibt jedoch nicht hinreichend, wie alles zusammenhängt, wie alles miteinander verbunden ist.
Bevor die Physiker kommen und anfangen, von Gravitation und Energie zu reden: Das meine ich nicht. Es geht mir nicht darum, wie alles aus materieller Sicht miteinander verbunden ist. Das, worauf es ankommt, kann man nicht nur in einem Wort wie „Liebe" zusammenfassen.

Es ist die innere Verbundenheit, das Wissen um die Einheit, die das Wesentliche ausmacht.
Liebe ist ein Gefühl; das Wesentliche beinhaltet Gefühle, aber auch Wissen, Gewissheit.
Und dieses Wissen ist mit noch weiteren Eigenschaften neben Liebe behaftet, nämlich Schönheit und Freude.

Diese Gefühle, das Empfinden von Schönheit und Freude, konnten sich erst durch die Aufteilung der Einheit in Vielheit entwickeln und verbinden sich mit der zugrunde liegenden Liebe zu einem neuen, höheren Ganzen.
Gott genießt die Vielheit. Wenn wir am Wissen teilhaben, empfinden auch wir den Genuss, der damit verbunden ist: Liebe, Schönheit, Freude.

Ich verstehe die Mystiker sehr gut, die ins Schwärmen geraten.
Sie haben teil an dieser unbeschreiblichen Freude.

Mystische Verzückung

Wer diesen Zustand erlebt, fühlt sich eins mit Gott.
Nicht mit der Macht Gottes, sondern mit seiner Liebe, seiner Verbundenheit mit allem.

Es ist ein Rausch, der vergeht. Wie anderem Rausch folgt auch ihm ein Kater.
Man kann sich an Gott berauschen.
Rauschzustände sollte man nicht anstreben. Man erlebt eine Phase absoluten Glücks, gefolgt von Niedergeschlagenheit.
Das herrliche Gefühl ist vorbei, man fühlt sich beraubt.

Es gibt aber auch Menschen, die sich ständig mit Gott verbunden fühlen.
Sie erleben den Rausch nicht, die unangenehmen Nachwirkungen auch nicht.
Ihr Grundgefühl ist Dankbarkeit, Freude und Gelassenheit.
Emotionale Ausbrüche kennen sie nur von anderen. Oft ahmen sie sie nach, um nicht als etwas Besonderes erkannt und beneidet und so auch gehasst zu werden.

Was manche für Liebe halten

„Ich liebe dich."
„Liebst du nur mich?"
„Ja, nur dich."
Das ist Fixierung.

Da hat man nur einen engen Personenkreis um sich, sucht sich eine Person davon aus und sagt, ich liebe nur dich, obwohl man die anderen sieben Milliarden Menschen gar nicht kennen gelernt hat.
Diese paar Milliarden sind auch egal. Man sagt sich: der/die oder keine/r. Warum?

Erstens: Zweckmäßigkeit. Ich kann nicht abwarten, bis ich die restlichen sieben Milliarden Menschen kennen gelernt habe. Irgendwann muss ich eine Entscheidung treffen, bevor ich zu alt bin und keine/n mehr abkriege.

Zweitens: Meine Hormone wollen auch nicht unendlich lange warten, sie drängen auf eine Entscheidung.

Drittens: Ich bin doch kein Adonis / keine Aphrodite. Ich muss nehmen, was einigermaßen passabel ist, wahre Liebe gibt es sowieso nicht.

Diese Überlegungen stellen wir nicht bewusst an.
Wir sehen jemanden, unsere Hormone machen etwas, und wir entscheiden: Der/die soll es sein.
Falls diese Person nicht wie wir empfindet, beruhigen sich unsere Hormone nach einiger Zeit wieder, um dann bei einer anderen Person erneut entschieden hervorzutreten: Der/die soll es sein.
Falls der/die andere aber auch so empfindet, entwickelt sich eine Beziehung.
Sie schlafen miteinander. Es mag schön sein oder auch nicht. In der Regel ist es keine Offenbarung. Na ja, man konnte Vollkommenheit sowieso nicht erwarten.

Man bleibt zusammen. Es gibt ja nichts Besseres, und wenn doch, wer weiß, was daraus würde?
Im Laufe der Zeit stellt sich heraus, dass er/sie und auch ich immer mal wieder ein Auge auf einen anderen möglichen Partner werfen. Irgendwann ergibt sich daraus etwas, und dann kommt die Trennung.
Der/die Übriggebliebene sagt: Du Schuft/Schlampe, wie kannst du mir das antun, du warst meine einzige Liebe. Und ist felsenfest davon überzeugt.

Aber dies gibt es auch: Man findet sich, man passt perfekt zusammen, man bleibt zusammen. Ich gratuliere zum großen Los. Es ist der Hauptgewinn.

Fixierung und Freiheit

Früher war ich überzeugt, alles erreichen zu können, was ich will, wenn nur der Wille stark genug ist und ich Geduld habe.

Ich verliebte mich „unsterblich“ in eine Frau, die nichts von mir wissen wollte.
Mir war klar, dass ich sie nicht bedrängen durfte, weil sie sich dann nur noch mehr von mir entfernen würde.
Also ließ ich sie in Ruhe. Aber ich blieb auf sie fixiert und konzentrierte mein ganzes Fühlen auf sie.
Nach über einem Jahr wurde ich immer verzweifelter.
Schließlich sah ich ein, dass ich verloren hatte. Das Leben erschien mir sinnlos. Ich gab auf.
Mir war nie in den Sinn gekommen, Gott um Hilfe zu bitten. Selbstsüchtige Gebete sind einfach unmoralisch.
Nun schickte ich einen Gedanken zu Gott: „Wenn es dir nichts ausmacht, lass' mich bitte sterben.“

In diesem Moment, als mein Ego ganz am Boden war und nichts mehr wollte, erwachte in mir eine neue Kraft.
Ich sah, dass ich Teil von etwas ganz Großem und mit allem verbunden war.
Ich konnte mich fühlen, wie ich wollte.
Ein Glücksgefühl überschwemmte mich.
Ich musste nichts mehr erreichen.
Ich war frei.
Danke, Gott.

Was wirklich wichtig ist

Wir Menschen neigen dazu, vieles sehr wichtig zu nehmen.

Zuerst: was die anderen Menschen von uns denken.
Als Zweites: materielle Sicherheit.
Als Drittes: persönliches Wohlergehen und Gesundheit.
Als Viertes: das Wohlergehen der Familie, der engsten Angehörigen.

Die meisten Menschen denken nicht intensiv darüber nach, was Gott von ihnen hält oder wie es ihnen nach dem Tod ergehen mag.
Gott und der Tod sind „weit weg", vielleicht gibt es gar keinen Gott?
Wir unterdrücken unsere innere Stimme, die Gott sehr wohl kennt, aber wir vertrauen ihr nicht.

Wichtig ist aber allein, was unsere innere Stimme, unsere innerste Stimme uns sagt!

*   *   *

Es war viele Jahre, nachdem ich wegen einer unerfüllten Liebe sterben wollte.
Ich fühlte mich zu einer Frau hingezogen, lehnte mich zurück, entspannte mich und fragte Gott: „Soll ich mich um sie bemühen?"
Eigentlich erwartete ich keine Antwort, weil mein inneres Sein diesmal nicht gefährdet war.
Da fühlte ich in mir ein ganz tiefes Grollen, wie ich es schon einmal bei einem Erdbeben erlebt hatte, nur kam es nicht von außen.
Es klang verärgert, wie: „Nein. Aber wie kannst du mich mit etwas so Banalem belästigen?"
Ich schämte mich. Gott hatte meine Frage beachtet, obwohl sie unwichtig war.
Seitdem habe ich keine Frage mehr direkt an Gott gestellt.
Welche Frage kann schon so wichtig sein?

Es genügt, tief in sich hinein zu hören. Dort spricht Gott, auch ungefragt. Wenn wir direkte Fragen an Gott stellen, zeigt das unsere Faulheit, uns um Antworten aus uns selbst zu bemühen.

Seligkeit / Verlorenheit

Es ist so schön, bei Gott zu sein.
Das höchste Glück.
In diesem Leben.
In dieser Sekunde.
Und immer weiter.

*   *   *

Ich kenne eine Person,
die sich dem Nichts verschrieben hat.
Ich sehe sie wie eine Schwester.
Mir fällt nichts mehr ein,
wie ich ihr helfen könnte.

Allahu akbar.

Tauchen

Eindringen in ein anderes Element.
Sich fallen lassen, hingeben.
Anderes, Schönheit.
Schwimmen.
Lieben.
Größe erkennen.
Weit werden.
Sich erinnern.
Dankbarkeit und Freude.

XI Ergebnisse

Warum bin ich so kritisch gegenüber der Esoterik? Bin ich nicht selbst ein Esoteriker?

Ich war ein Esoteriker insofern, als ich mich immer für die Fragen interessiert habe:
Wo kommen wir her, wo gehen wir hin, was sind wir eigentlich, wozu das Ganze.

Für die Sufis, diese Mystiker, die sich vor allem im Islam, aber auch ein wenig im Judentum und Christentum ausgebreitet haben, interessierte ich mich besonders.
Sie sind völlig undogmatisch, fast vorurteilslos, ihre Toleranz hat kaum eine Grenze. Sie sind ganz der Wahrheit, der wahren Wirklichkeit, die wir Gott nennen, hingegeben.
Übrigens bedeutet das Wort Islam Hingabe.
Die Sufis betrachten die Entwicklungsmöglichkeiten eines Menschen, wie auch alles andere, von allen Seiten. Sie sagen, dass es für jeden Menschen einen eigenen, ihm gemäßen Weg gibt.
Meine große Bewunderung für die Sufis ist da, nach wie vor.
Wenn man davon absieht, dass neunundneunzigkommaneun Prozent sich zwar als Sufis bezeichnen, aber keine sind. Die meine ich nicht.
Wahre Sufis sind außerhalb der Öffentlichkeit, bescheiden, unscheinbar. Sie gehen nicht mit dem Wort Sufi hausieren.

Aber ich bin zu anderen Schlussfolgerungen gekommen.
Sufis streben die Wiedervereinigung mit Gott an. Gott will aber nicht die Rückkehr zur Einheit, sondern eine größtmögliche Vielfalt, in der die zugrunde liegende Einheit bewusst ist.
Sufis sehen auf dem Weg zu ihrem Ziel die Notwendigkeit, dass das Ich ausgelöscht werden müsse, um als göttliches Ich wieder aufzuerstehen. Nein, unser Ego soll sich nicht auflösen. Es soll sich erweitern, um aufnahmefähiger und letztlich selbstlos zu werden. Wir brauchen es, denn in ihm äußert sich die Kraft, die das Universum durchdringt, Gott genannt.
Esoteriker siedeln Gott im Herzen des Menschen an. Ich siedele das Herz im Ego an.

Wie bin ich zu diesen Schlussfolgerungen gekommen?
Ich kann es mir nur so erklären, dass das Buch des Wissens sie mir eingetrichtert hat.

Die Welt ist viel mehr als ein Computerprogramm

Man kann sagen:
Gott ist ein Programmierer. Alles, was wir als Geschehen erleben, materiell oder geistig, ist Bestandteil des Programms. Doch unterscheidet sich dieses Programm ganz wesentlich, qualitativ von Computerprogrammen.

Punkt 1:
Der Programmierer ist im Programm enthalten, gestaltet das Programm nicht nur von außen, sondern auch innerhalb des Programms. Gott ist in allem gegenwärtig.

Punkt 2:
Wir, die Figuren im Programm, von der einfachen Materie bis zum intelligenten Leben, haben Freiheitsgrade. Wir können innerhalb notwendiger Grenzen frei über unser Tun entscheiden.
Für uns Menschen sind diese Grenzen lediglich, was wir zur Lebenserhaltung brauchen: Atemluft, Wasser, Essen, Schlaf. Alle anderen Begrenzungen, die auch noch existieren, haben wir uns selbst auferlegt.
Wir werden zwar beeinflusst von vielen Faktoren, zum Beispiel unseren Genen, Hormonen, Erfahrungen, Informationen, werden dadurch aber zu nichts gezwungen.

Punkt 3:
Wir sind mit dem Programmierer ständig in Verbindung, über das Buch des Wissens oder direkt mit unserem verstehenden Ego. Das Ego ist in der Lage, alles, worauf es ankommt, zu verstehen, allein durch die Verbindung mit Gott. Eine besondere Intelligenz wird nicht gebraucht. Einfühlung, Empathie, Offenheit, dem eigenen Geist keine Schranken auferlegen, das bringt uns mit Gott, dem Programmierer zusammen. Dann sind wir uns Gottes Gegenwart und Interaktion bewusst.
Gottes Interaktion ist feinfühlig, subtil. Er lässt uns ja alle möglichen Freiheiten.
Ich empfinde sie wie ein Streicheln.

Punkt 4:
Unterhalb der atomaren Ebene, bei den Elementarteilchen, ist alles gequantelt wie Pixel auf einem Bildschirm.
Dass gerade dieser grundlegende Bereich von Unschärfen geprägt ist, wo man nicht mehr feststellen kann: innen oder außen, Teilchen oder Welle, weist darauf hin, dass dieser Bereich von dem uns beherrschenden Programm nicht mehr eindeutig festgelegt werden konnte oder sollte.
Das ermöglicht unendliche Entfaltungsmöglichkeiten für uns.
Nichts steht fest. Das Programm erlaubt uns alles.
So will es Gott, oder so nimmt Gott es in Kauf, wie auch immer, es passt zu Gottes Willen.
Gottes Wille geschieht, und wir sind dennoch frei!

Um dem Konzept eines ablaufenden Programms zu entsprechen, könnte man das Buch des Wissens auch „Datei des Wissens" nennen.
Das Wissen ist in keine Form gebannt.

Die Frage nach dem Warum

ist wohl die Frage, die uns von anderen Lebewesen auf der Erde unterscheidet.
Alle Lebewesen fragen nach dem Wie.
Wie komme ich an Nahrung, eine Unterkunft, einen Geschlechtspartner und so weiter.
Aber wir stellen auch die verhängnisvolle Frage nach dem Warum.

Verhängnisvoll ist sie insofern, als es keine letzte gültige Antwort gibt.
Gäbe es eine letzte Antwort, könnte man immer noch fragen: Warum das Ganze?
Zum Beispiel: Warum wollte Gott der Langeweile der Einheit und Vollkommenheit entfliehen?

Am Ende aller Warum-Fragen gibt es nur eine Antwort, die die Fragerei beendet. Wie viele leidgeprüfte Eltern kleiner Kinder wissen, lautet diese Antwort nicht: „Das kannst du erst verstehen, wenn du älter bist", denn das zieht sofort ein weiteres „Warum?" nach sich.
Zum Verstummen bringt man den lästigen Fragesteller nur mit „Weil ich es sage" oder in einem Wort:
„Darum!"

Aber die Entschlüsseler der letzten Geheimnisse des Universums sind taub. Oder sie akzeptieren nur Antworten, die ihnen gefallen.
Macht nichts. Geht die Fragerei halt weiter.

XII Schluss, kein Ende

Wie dieses Buch entstanden ist

Es war abends, nach der Arbeit. Ich sah fern und löste Sudoku- oder andere Rätsel.
Langsam wurde ich wohlig müde und wollte mich schlafen legen.
In dieser Phase tauchten Gedanken auf, die es wert schienen, aufgeschrieben zu werden. Oft schon hatte ich diesem Impuls nicht nachgegeben, mich entschlossen, es am nächsten Tag zu tun, aber dann waren die Gedanken weg, verloren, nicht mehr aufzufinden.

Irgendwann sah ich ein, dass ich vor dem Schlaf noch eine Stunde opfern sollte.
Ich fing an, mir diese Stunde zu nehmen und aufzuschreiben, was mir in den Sinn kam.
Und am Ende dieser Stunde oder anderthalb Stunden staunte ich manchmal darüber, was da heraus gekommen war. In der Regel ahnte ich am Anfang das Ende nicht. Oft war etwas Größeres, Bedeutenderes entstanden, als ich am Anfang gedacht hätte, wenn ich mir überhaupt etwas gedacht hätte. Tatsächlich hatte ich nicht geplant, was ich schreiben würde.
Da war eine Idee, der Impuls, sie niederzuschreiben, und die Idee entwickelte sich weiter, während des Schreibens, ohne Gedankenarbeit.

Ich interpretiere dies so, dass das Buch des Wissens mich beeinflusst hat.
Die dämmerige Phase zwischen Wachen und Einschlafen scheint für mich besonders fruchtbar zu sein, da meine eigenen Bestrebungen, Wünsche, Sorgen zur Seite gedrängt sind.

Dieses Buch besteht vorwiegend aus Gedanken, die in solchen Phasen entstanden, oder ähnlichen Phasen tagsüber, in Tagträumen, was selten vorkam, weil ich da meistens mit Banalem beschäftigt bin oder mit meiner Arbeit, die mir meinen Lebensunterhalt ermöglicht, mir sogar eine gewisse Befriedigung bereitet.
Voraussetzung für die Entstehung der Gedanken für dieses Buch war

also eine innere Lockerheit, Gelöstheit, Freiheit, Offenheit, die sich am besten zwischen Wachen und Schlafen einstellen.

Dass diese Gedanken so auftraten, wie es geschah, hängt sicher mit meiner Vorgeschichte zusammen. Physik, hauptsächlich Quanten- und Astrophysik, Mathematik, Gehirnforschung, Psychologie, Philosophie, Religionen und Politik, Soziologie gehören zu meinen Interessengebieten. Ich glaube nicht, das Wissen mit Löffeln gefressen zu haben. Im Gegenteil: Je mehr man lernt, desto klarer wird bekanntlich, welch riesige Menge an Wissen noch fehlt.
Der Umstand, dass mir neues Wissen und Klarheit am besten zufallen, wenn ich mich fast schon im Dämmern zwischen Wachen und Schlafen befinde, brachte mich auf das Buch des Wissens.

Natürlich verbanden sich die neuen Erkenntnisse mit meinem vorherigen Wissen, damit auch mit meinen Vorurteilen und müssen also mit Vorsicht angesehen werden.
Selbstverständlich habe ich wie jeder andere auch Vorurteile und komme daher vielleicht manchmal zu verbogenen, nicht ganz richtigen Schlussfolgerungen.
Aber ich glaube, dass die Menge meiner Vorurteile deutlich unter dem Durchschnitt liegt.
Ich fühle, dass ich ein gutes Einflussgebiet für das Buch des Wissens bin, mit der genannten Einschränkung.
Was ich in diesem Buch schreibe, kann so falsch nicht sein. Ich habe versucht, keine Zensur auszuüben und das eingeströmte Wissen nicht zu verändern.

Sie sollten aber das, was Sie lesen, nicht einfach so akzeptieren.
Nehmen Sie es zur Kenntnis, denken Sie darüber nach, und lassen Sie es dann ruhen.
Wenn Sie in einem dämmerigen Zustand zwischen Wachen und Schlafen sind, kommt vielleicht etwas hervor, das neue Gesichtspunkte bringt.

Dieses Buch ist fast so aufgebaut, wie die einzelnen Kapitel in mir entstanden.

Von Abend zu Abend waren es oft unterschiedliche Kapitel, die nicht logisch miteinander zusammenhingen.

Das ist die Art, wie das Buch des Wissens sich uns Menschen mitteilt: keine logische Aufeinanderfolge, sondern Sequenzen, die zunächst als unabhängig voneinander erscheinen, aber dann doch einen inneren Zusammenhang erkennen lassen.

So habe ich auch dieses Buch geschrieben. Ich habe dann die Kapitel teilweise in eine andere Reihenfolge gesetzt, um halbwegs eine Systematik hinein zu bringen.
Die Kapitel sind eher assoziativ miteinander verbunden, so wie es in Träumen geschieht. Im einen Kapitel geht es beispielsweise um Liebe, in einem kurz darauf folgenden Kapitel auch, aber in einem anderen Zusammenhang.
Diese assoziativen, nicht logischen Verbindungen finden manchmal auch innerhalb von einzelnen Kapiteln statt.

Es tut mir leid, dass ein direkter Zusammenhang nicht immer zu erkennen ist.
Aber positiv ist, dass Ihnen dadurch viel mehr Möglichkeiten bleiben, selbstständig weiter zu denken.

Nachwort

Hat Gott ein Interesse an dieser Veröffentlichung?
Ich habe das Gefühl, dass es ihm nicht wichtig ist.
Aber immerhin sprudelten mir die Informationen und Inspirationen, wenn ich nicht anderweitig beschäftigt war, einfach so zu.
Er hat also zumindest nichts dagegen.
Warum auch?
Dieses Buch soll den gottgewollten Prozess der Entwicklung und Erkenntnis unterstützen.
Alles, was hier geschrieben ist, kann man nachvollziehen oder auch nicht, je nach Grundeinstellung und Offenheit.

Die wichtigste Aufgabe des Buches ist, neue Sichtweisen aufzuzeigen.
Damit kann der Leser einen umfassenderen Blick gewinnen.
Er kann seine Methoden erweitern, die Welt und den Alltag zu betrachten. Es gibt immer viele Seiten. Man sollte keine vernachlässigen.

Wenn Themen ausführlicher behandelt wurden, was selten vorkam, war es um der besseren Veranschaulichung willen.
Es sollte Raum zum selbstständigen Weiterdenken bleiben.

Vielleicht überdenkt der eine oder andere seine Vorurteile und liefert sich dem Buch des Wissens aus, komme was da kommen mag.

Liebe Grüße
P. H. Onyx